示	ネ	43	衣	衤	56	食	一	
肉	—	43	襾	西	56	斉	九画	
禾	穴	—	七画			面		65
立	氺	43	見		56	革		66
	罒 ネ	—	角		56	韋		—
六画			言		57	韭		—
竹		44	谷		—	音		—
米		44	豆		57	頁		66
糸		45	豕		—	風		66
缶		—	豸		57	飛		66
网	罒 血	—	貝		58	食	飠	66
羊		47	赤		—	首		—
羽	羽	47	走		—	香		66
老	耂	48	足	𧾷	59	十画		
而		—	身		59	馬		66
耒		—	車		59	骨		67
耳		—	辛		59	高		67
聿		—	辰		—	髟		—
肉	月	48	辵	辶 辶	59	鬥		—
臣		—	邑	阝(右)	60	鬯		—
自		—	酉		60	鬲		—
至		—	釆		—	鬼		68
臼	臼	—	里		60	十一画		
舌		—	臣		—	魚		68
舛		49	麦		—	鳥		82
舟		—	八画					
艮		—	金		61			
色		—	長		63			
艸	艹	49	門		63			
虍		52	阜	阝(左)	63			
虫		52	隶		—			
血		—	隹		64			
行		56	雨		64			
			青	青	65			
			非		65	亀		—

十二画	
黄 黄	83
黍 黑	84
黒 黹	84
黽 歯	—
十三画	
黽	—
鼎	—
鼓	—
鼠	85
十四画	
鼻	—
齊 斉	—
十五画	
齒 歯	—
十六画	
龍 竜	—
龜 亀	—
十七画	
龠	—

宿借　11ページ

拳螺　16ページ

水母　24ページ

沙魚　26ページ

河豚　27ページ

海星　29ページ

海胆　29ページ

烏賊　33ページ

玳瑁　36ページ

目張　39ページ

難読誤読 魚介類
漢字よみかた辞典

日外アソシエーツ

Guide to Reading
of
Aquatic Animal Names
Written in Kanji

Compiled by
Nichigai Associates, Inc.

©2016 by Nichigai Associates, Inc.
Printed in Japan

本書はディジタルデータでご利用いただくことが
できます。詳細はお問い合わせください。

●編集担当● 比良 雅治
装丁：クリエイティブ・コンセプト
カバー・口絵写真：Shutterstock

刊行にあたって

　あゆ（年魚、香魚）、さざえ（拳螺、栄螺子）、さわら（馬鮫魚、鰆）、ふぐ（布久、河豚、鯸）など、古来日本人の生活に馴染み深い魚介類には、読み難い、また読み誤るおそれのある漢字が多く使われている。一方、季節や形・特徴を漢字に織り込むなど、豊かな日本語表現をつくっている。こうした漢字を調べる際、魚類図鑑や事典はヨミから引く五十音順構成で漢字表記からは引きづらく、漢和辞典では魚介類として調べようとしても記載が少なく、調査がつかないこともあるのが現状である。

　本書は、漢字表記された魚介類の名前のうち、読み難いものや読み誤りやすいと思われるもの、幾通りにも読めるものなど〈難読・誤読〉の魚介類の名を選び、その読み方を示したコンパクトな辞典である。魚介類名見出し 631 件と、その下に、逆引き魚介類名など、見出しの漢字表記を含む魚介類名 882 件、合計 1,513 件を収録している。見出しには、分類・大きさ、分布など、魚介類としての特色を示すとともに、季語としての季節や簡略な説明を付した。

　本書が魚介類の名前に親しむ 1 冊として、また学習用やクイズ用として広く利用されることを期待したい。

　2016 年 7 月

　　　　　　　　　　　　　　　　　　　　日外アソシエーツ

凡　例

1．本書の内容
　本書は、漢字表記された魚介類の名前のうち、一般に難読と思われるもの、誤読のおそれのあるもの、幾通りもの読みのあるものを選び、その読み方を示した「よみかた辞典」である。魚介類名見出し 631 件と、その下に関連する逆引き魚介類名など 882 件、合計 1,513 件を収録した。

2．収録範囲および基準
1) 漢字表記された魚介類名のうち、一般的な名称や総称を見出しとして採用し、読みを示した。
2) 魚介類名の読みは現代仮名遣いを原則とした。
3) 見出し魚介類名には、分類、大きさ、季節などを簡潔に説明した。
4) 見出しの漢字表記を含む魚介類名を、関連項目として収録、表記・読み、分類が見出しと異なる場合はその説明も示した。

3．記載例

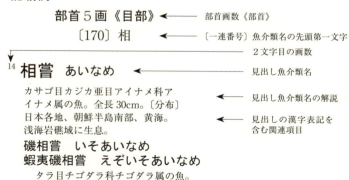

4. 排列

1) 親字の排列

魚介類名の先頭第一文字目を親字とし、『康熙字典』の214部に分類して部首順に排列、同部首内では総画数順に排列して〔　〕で囲んだ一連番号を付した。

2) 魚介類名の排列

第二文字以降の総画順に排列、その第二字目の画数を見出しの前に記載した。第二字目が繰り返し記号「々」、ひらがな、カタカナの場合は「0」とみなした。同画数内では部首順に排列した。

5. 音訓よみガイド

本文親字の主要な字音・字訓を一括して五十音順に排列、同じ読みの文字は総画数順に、同画数の場合は本文で掲載されている順に排列、本文の一連番号を示した。

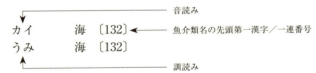

6. 部首・総画順ガイド

本文の親字を部首順に排列、同部首内では総画数順に排列して、その一連番号を示した。

7. 五十音順索引（巻末）

本文に収録した魚介類名のよみを五十音順に収録し、掲載ページを示した。見出し魚介類名は掲載ページを太字で、逆引きなど関連語は細字で表示した。

(5)

音訓よみガイド

(1) 本文の親字（魚介類の名の先頭第一漢字）の主要な音訓よみを一括して五十音順に排列し、その親字の持つ本文での一連番号を示した。
(2) 同じ音訓よみの漢字は総画数順に、さらに同じ総画数の文字は本文での排列の順に従って掲げた。

音訓よみガイド

【あ】

ア	阿	〔281〕
アイ	愛	〔70〕
あい	相	〔170〕
	藍	〔227〕
あお	青	〔292〕
あか	垢	〔35〕
	朱	〔94〕
	緋	〔201〕
	赤	〔259〕
あかざ	藜	〔229〕
あかるい	明	〔85〕
あき	秋	〔183〕
あさい	浅	〔133〕
あさじ	鱭	〔364〕
あさり	蜊	〔240〕
あじ	味	〔32〕
	鯵	〔359〕
あずま	東	〔98〕
あぶら	油	〔131〕
あま	天	〔38〕
	尼	〔53〕
	蜑	〔239〕
あみ	網	〔202〕
あめ	天	〔38〕
	雨	〔287〕
	鮠	〔326〕
あめのうお	鮠	〔326〕
あや	綾	〔199〕
あゆ	鮎	〔311〕
あゆむ	歩	〔116〕
あら	鯍	〔356〕
あらい	荒	〔217〕
あらず	非	〔293〕
あられ	霰	〔291〕
ある	有	〔91〕
あるく	歩	〔116〕
あわい	淡	〔136〕
あわび	鮑	〔313〕
	鰒	〔344〕
アン	鮟	〔317〕

【い】

イ	伊	〔12〕
	螠	〔247〕
	衣	〔250〕
	貽	〔258〕
	鮧	〔320〕
	鹼	〔346〕
	鯢	〔355〕
いが	毬	〔120〕
いきる	生	〔162〕
いく	行	〔249〕
いさざ	鯊	〔308〕
いさましい	勇	〔25〕
いざり	鼍	〔260〕
いし	石	〔176〕
いしもち	鮸	〔325〕
いそ	磯	〔181〕
いた	板	〔99〕
イチ	一	〔1〕
いと	糸	〔192〕
いな	鯔	〔354〕
いぬ	狗	〔152〕
いばら	棘	〔109〕
いぼ	疣	〔164〕
いらだつ	苛	〔215〕
いわ	岩	〔56〕
いわし	鰮	〔351〕
イン	隠	〔283〕
	鱓	〔362〕

【う】

ウ	有	〔91〕
	烏	〔146〕
	羽	〔205〕
	雨	〔287〕
うぐい	鯎	〔321〕
うさぎ	兎	〔220〕
うしお	潮	〔142〕
うすい	薄	〔226〕
うつくしい	美	〔203〕
うつぼ	䩥	〔295〕
	鱓	〔363〕
うで	腕	〔210〕
うま	馬	〔300〕
うまれる	生	〔162〕
うみ	海	〔132〕
うるおす	潤	〔141〕
ウン	雲	〔289〕

【え】

エ	衣	〔250〕
え	江	〔123〕
エイ	栄	〔101〕
えい	鱝	〔362〕
	鱏	〔367〕
エキ	鯣	〔327〕
えだ	枝	〔96〕
エツ	鱭	〔364〕
えび	蝦	〔245〕
えら	鰓	〔340〕
エン	円	〔21〕
	燕	〔149〕
	猿	〔154〕
	鳶	〔376〕

【お】

お	尾	〔54〕
おい	老	〔207〕
おいる	老	〔207〕
オウ	王	〔156〕
	黄	〔379〕
おう	追	〔265〕
おおきい	大	〔37〕
	巨	〔59〕
おおやけ	公	〔19〕
おき	沖	〔124〕
おくる	貽	〔258〕
おこぜ	鰧	〔358〕
おこなう	行	〔249〕
おさ	筬	〔188〕
おしきうお	魴	〔305〕
おす	牡	〔150〕
おそれ	虞	〔232〕
おたまじゃくし	蚌	〔236〕

(8) 難読/誤読 魚介類漢字よみかた辞典

オチ	鱓	[364]	かじ	梶	[107]	**【き】**			
おちる	落	[224]	かじか	鮖	[337]				
おに	鬼	[304]	かじき	鯖	[362]	キ	姫	[41]	
おもい	重	[270]	かず	数	[81]		寄	[48]	
おもて	面	[294]	かすか	微	[67]		旗	[84]	
おもり	錘	[276]	かせ	枷	[106]		磯	[181]	
おや	親	[253]	かぜ	風	[296]		鬼	[304]	
オン	隠	[283]	かぞえる	数	[81]		鰭	[350]	
	鰮	[351]	かた	方	[83]		鱓	[364]	
おんな	女	[39]	かたい	堅	[36]	き	木	[93]	
			かたどる	象	[256]		黄	[379]	
【か】			カチ	鱓	[364]	ギ	擬	[80]	
			カツ	滑	[139]		義	[204]	
カ	加	[24]		蛞	[236]	キク	菊	[221]	
	嫁	[42]	かど	角	[254]	きざす	萌	[222]	
	枷	[106]	かね	金	[271]	きす	鱚	[361]	
	河	[127]	かま	鎌	[278]	キチ	吉	[30]	
	火	[143]	かます	魳	[307]	キツ	吉	[30]	
	花	[214]		魳	[309]	きぬ	絹	[198]	
	苛	[215]	かみ	神	[182]		衣	[250]	
	華	[219]	かみなり	雷	[290]	きび	黍	[380]	
	蚊	[234]	かや	榧	[112]	ギャク	逆	[264]	
	蝦	[245]		茅	[216]	キュウ	久	[6]	
	過	[266]	からい	辛	[263]		九	[7]	
	蚊	[234]	からざお	枷	[106]		毬	[120]	
ガ	我	[71]	からす	烏	[146]		求	[125]	
	瓦	[161]	かり	雁	[285]		灸	[144]	
	硪	[178]	かれい	鰈	[343]		巨	[59]	
カイ	介	[10]	かれる	枯	[102]	キョ	狭	[153]	
	海	[132]	かわ	川	[58]	キョウ	香	[299]	
	膾	[212]		河	[127]		行	[249]	
	鱠	[365]		皮	[167]	ギョウ	棘	[109]	
かい	貝	[257]	かわら	瓦	[161]	キョク	玉	[157]	
ガイ	鮑	[318]	カン	環	[160]	ギョク	着	[173]	
かいな	腕	[210]		幹	[189]	きる	琴	[159]	
かおり	香	[299]		蜆	[326]	キン	金	[271]	
かがみだい	魴	[305]	ガン	岩	[56]		銀	[275]	
カク	角	[254]		巌	[57]	ギン			
ガク	学	[44]		眼	[172]				
	鰐	[338]		雁	[285]	**【く】**			
かくれる	隠	[283]		蜆	[326]				
かご	籠	[190]				ク	九	[7]	
かさ	笠	[187]					狗	[152]	
かさなる	重	[270]					紅	[193]	
							鉱	[306]	

難読/誤読 魚介類漢字よみかた辞典 (9)

グ	虞	[232]		口	[29]		鰓	[340]
くさ	草	[218]		垢	[35]		鰶	[360]
くち	口	[29]		江	[123]	さかえる	栄	[101]
くま	熊	[148]		溝	[140]	さからう	逆	[264]
くも	蜘	[242]		紅	[193]	さす	刺	[23]
	雲	[289]		荒	[217]		指	[77]
くらべる	比	[118]		藁	[228]	サツ	捘	[76]
くるま	車	[261]		行	[249]	さめ	鯊	[322]
くれない	紅	[193]		香	[299]	さより	鱵	[373]
くろ	玄	[155]		高	[302]	さる	猿	[154]
	黒	[381]		鮯	[306]	さわら	鰆	[342]
くろがね	鉄	[274]		鯉	[339]	さわる	障	[284]
くわえる	加	[24]		黄	[379]	サン	山	[55]
【け】			こおり	冰	[22]		酸	[268]
				氷	[122]		霰	[291]
ケ	鱴	[364]	コク	石	[176]	**【し】**		
け	毛	[119]		黒	[381]			
ケイ	鱴	[364]	ここのつ	九	[7]	シ	刺	[23]
	鶏	[377]	こし	鮙	[211]		四	[33]
ケツ	鱴	[364]	こち	鯒	[324]		子	[43]
けわしい	巌	[57]	こと	琴	[159]		指	[77]
ケン	堅	[36]	ことぶき	寿	[51]		枝	[96]
	拳	[79]	こな	粉	[191]		歯	[117]
	権	[113]	このしろ	鮗	[314]		矢	[174]
	絹	[198]		鰶	[360]		糸	[192]
	蜆	[238]	こぶし	拳	[79]		雌	[286]
	蜷	[243]	こまかい	細	[197]		鰤	[309]
ゲン	拳	[79]	ごまめ	鱓	[363]		鰡	[328]
	玄	[155]	ごり	鮴	[319]		鰓	[340]
	蜆	[238]	ころも	衣	[250]		鰤	[352]
	鯇	[326]	コン	鯇	[326]		鱏	[357]
			ゴン	権	[113]		鱭	[370]
【こ】				鯇	[326]	ジ	似	[14]
							持	[78]
コ	戸	[72]	**【さ】**				時	[88]
	枯	[102]					鱏	[357]
	湖	[137]	サ	沙	[126]	しいら	鱪	[371]
	虎	[231]		砂	[177]	しお	潮	[142]
こ	子	[43]		靫	[295]	しころ	錏	[277]
	木	[93]		鈔	[308]	しじみ	蜆	[238]
	粉	[191]		鯊	[322]	したしい	親	[253]
コウ	交	[8]	サイ	細	[197]	シツ	室	[47]
	公	[19]		西	[252]		虱	[233]
				靫	[295]			

(10) 難読/誤読 魚介類漢字よみかた辞典

音訓よみガイド　　そ

しびら	鱓	〔371〕		象	〔256〕	すべて	総	〔200〕
シャ	沙	〔126〕		醬	〔269〕	すべる	滑	〔139〕
	砂	〔177〕		障	〔284〕	すみ	炭	〔145〕
	硨	〔179〕		青	〔292〕		角	〔254〕
	硨	〔180〕		鈔	〔308〕	するめ	鯣	〔327〕
	車	〔261〕		鮹	〔323〕			
	鈔	〔308〕		鯧	〔335〕	【せ】		
	鯊	〔322〕		鱶	〔372〕			
ジャ	蛇	〔235〕	ジョウ	常	〔61〕	せ	背	〔208〕
シャク	赤	〔259〕		筬	〔188〕	セイ	星	〔87〕
ジャク	弱	〔65〕	しらうお	鮊	〔315〕		生	〔162〕
しゃち	鯱	〔330〕	しらみ	虱	〔233〕		筬	〔188〕
シュ	守	〔45〕	しろ	白	〔165〕		西	〔252〕
	朱	〔94〕	しろがね	銀	〔275〕		青	〔292〕
ジュ	儒	〔17〕	シン	津	〔134〕		鯖	〔360〕
	寿	〔51〕		真	〔171〕		鯖	〔370〕
シュウ	宗	〔46〕		神	〔182〕	せい	背	〔208〕
	柊	〔104〕		親	〔253〕	ゼイ	脆	〔209〕
	秋	〔183〕		辛	〔263〕	せがれ	悴	〔68〕
	蝤	〔246〕		針	〔272〕	セキ	石	〔176〕
	鮋	〔316〕		鱏	〔362〕		赤	〔259〕
	鰍	〔337〕		鱵	〔373〕		雪	〔288〕
	鰡	〔341〕	ジン	人	〔9〕	セツ	狭	〔153〕
ジュウ	十	〔26〕		仁	〔11〕	せまい	千	〔27〕
	柔	〔103〕		神	〔182〕	セン	川	〔58〕
	重	〔270〕		膳	〔358〕		浅	〔133〕
シュク	宿	〔49〕		鱓	〔362〕		鱓	〔363〕
シュン	春	〔86〕				ゼン	鱓	〔363〕
	鱒	〔342〕	【す】					
ジュン	潤	〔141〕				【そ】		
ショ	杼	〔100〕	ス	素	〔194〕			
	諸	〔255〕	ズ	杜	〔95〕	ソ	楚	〔110〕
	鯐	〔307〕	スイ	悴	〔68〕		素	〔194〕
	鯯	〔369〕		水	〔121〕		鼠	〔382〕
	黍	〔380〕		錘	〔276〕	ソウ	宗	〔46〕
ジョ	女	〔39〕		酸	〔268〕		惣	〔69〕
ショウ	小	〔52〕	すい	数	〔81〕		曹	〔90〕
	床	〔64〕	スウ	過	〔266〕		槍	〔111〕
	松	〔97〕	すぎる	介	〔10〕		相	〔170〕
	沼	〔128〕	すけ	鱈	〔336〕		総	〔200〕
	焼	〔147〕	すけとうだら	薄	〔226〕		草	〔218〕
	生	〔162〕	すすき	鱸	〔374〕		藻	〔230〕
	相	〔170〕	すずき	雪	〔288〕		鰤	〔309〕
	章	〔185〕	すすぐ	砂	〔177〕		鯼	〔359〕
	蛸	〔237〕	すな					

難読/誤読 魚介類漢字よみかた辞典　(11)

ゾウ	象	[256]		沖	[124]	ド	土	[34]
そうじて	惣	[69]		鮋	[316]		奴	[40]
そむく	背	[208]	チョ	杼	[100]	トウ	東	[98]
			チョウ	張	[66]		橙	[114]
【た】				潮	[142]		鉖	[306]
				重	[270]		臚	[358]
タ	駄	[301]		長	[280]	ドウ	洞	[135]
	鯛	[347]		鰈	[343]		臚	[358]
	鯷	[363]	チン	朕	[358]	とお	十	[26]
た	田	[163]				とき	時	[88]
ダ	蛇	[235]	**【つ】**			とげ	棘	[109]
	駄	[301]				とこ	床	[64]
	鯷	[363]	ッ	鉖	[306]	とし	年	[63]
タイ	大	[37]	つ	津	[134]	どじょう	鰌	[341]
	玳	[158]	ツイ	追	[265]	とつぐ	嫁	[42]
ダイ	大	[37]	つく	着	[173]	とび	鳶	[376]
だいだい	橙	[114]	つち	土	[34]	とむ	富	[50]
たいまい	玳	[158]	つね	常	[61]	とら	虎	[231]
たいら	平	[62]	つの	角	[254]	どろ	泥	[129]
たかい	高	[302]	つばめ	燕	[149]	ドン	鈍	[273]
たかべ	鯖	[347]	つま	褄	[251]	どんぐり	杼	[100]
たけ	竹	[186]		錘	[276]	とんび	鳶	[376]
たけし	武	[115]	つむ	紡	[195]			
たこ	蛸	[237]	つむぐ	紡	[195]	**【な】**		
	鮹	[323]	つら	面	[294]			
たすける	介	[10]	つらい	辛	[263]	ナ	那	[267]
たつ	竜	[184]				な	名	[31]
たなご	鱮	[369]	**【て】**			なか	中	[5]
たま	玉	[157]				ながい	長	[280]
たもつ	保	[15]	テイ	梯	[108]	なかば	半	[28]
タン	淡	[136]		蜓	[248]	なぞらえる	擬	[80]
	炭	[145]		鍉	[277]	なます	膾	[212]
	短	[175]	デイ	泥	[129]		鱠	[365]
	蜑	[239]	テキ	的	[166]	なまず	鯰	[331]
			テツ	鉄	[274]	なみ	波	[130]
【ち】				鍉	[277]	なめらか	滑	[139]
			テン	天	[38]			
チ	蜘	[242]	デン	田	[163]	**【に】**		
ち	千	[27]						
ちいさい	小	[52]	**【と】**			ニ	仁	[11]
ちか	鯡	[333]					尼	[53]
チク	竹	[186]	ト	杜	[95]	にお	鳰	[375]
チャク	着	[173]		菟	[220]	にし	西	[252]
チュウ	中	[5]	と	戸	[72]	にしん	鯡	[329]

音訓よみガイド　　　　　　　　　　　　　ふ

	鰊	〔345〕	はす	鱒	〔357〕	ひと	人	〔9〕
にな	蜷	〔243〕	はぜ	鯊	〔322〕		仁	〔11〕
にぶい	鈍	〔273〕	はた	旗	〔84〕	ひとつ	一	〔1〕
にべ	鮸	〔325〕	はたはた	鰰	〔354〕	ひめ	姫	〔41〕
ニュウ	柔	〔103〕		鱩	〔368〕	ひもの	鰵	〔372〕
にる	似	〔14〕	ハチ	八	〔18〕	ヒョウ	兵	〔20〕
にわとり	鶏	〔377〕	はな	花	〔214〕		冰	〔22〕
ニン	人	〔9〕		華	〔219〕		氷	〔122〕
	仁	〔11〕	はなやか	華	〔219〕		鮃	〔312〕
			はね	羽	〔205〕	ひら	平	〔62〕
【ぬ】			はも	鱧	〔366〕	ひらたい	扁	〔74〕
			はや	鮠	〔316〕	ひらめ	鮃	〔312〕
ヌ	奴	〔40〕		鮊	〔318〕	ひるがえる	翻	〔206〕
ぬの	布	〔60〕	はらう	払	〔75〕		飜	〔297〕
ぬま	沼	〔128〕	はり	針	〔272〕	ひれ	鰭	〔350〕
			はる	張	〔66〕	ヒン	鬢	〔303〕
【ね】				春	〔86〕	ビン	鬢	〔303〕
			ハン	半	〔28〕	びん	鬢	〔303〕
ねずみ	鼠	〔382〕		扁	〔74〕			
ネン	年	〔63〕		板	〔99〕	【ふ】		
	鯰	〔331〕		飜	〔297〕			
				飯	〔298〕	フ	不	〔3〕
【の】			バン	万	〔2〕		富	〔50〕
				板	〔99〕		布	〔60〕
のぞむ	望	〔92〕		鮸	〔325〕		普	〔89〕
							歩	〔116〕
【は】			【ひ】			ブ	不	〔3〕
							武	〔115〕
ハ	波	〔130〕	ヒ	榧	〔112〕		歩	〔116〕
は	歯	〔117〕		比	〔118〕		舞	〔213〕
	葉	〔223〕		皮	〔167〕	フウ	風	〔296〕
バ	馬	〔300〕		緋	〔201〕		鰒	〔372〕
ハイ	背	〔208〕		非	〔293〕	ふか	伏	〔13〕
バイ	倍	〔16〕		鯡	〔329〕	フク	鰒	〔344〕
	蛽	〔241〕	ひ	火	〔143〕		鰒	〔344〕
	貝	〔257〕	ビ	尾	〔54〕	ふぐ	老	〔207〕
はえ	鮠	〔316〕		微	〔67〕	ふける	房	〔73〕
はえる	栄	〔101〕		梶	〔107〕	ふさ	総	〔200〕
ハク	白	〔165〕		美	〔203〕	ふせる	伏	〔13〕
	薄	〔226〕	ひいらぎ	柊	〔104〕	ふたつ	両	〔4〕
	鮊	〔315〕	ひがい	鰉	〔339〕	フツ	払	〔75〕
バク	麦	〔378〕	ひがし	東	〔98〕	ブツ	物	〔151〕
はしご	梯	〔108〕	ひさしい	久	〔6〕	ふみ	文	〔82〕
			ひしお	醤	〔269〕	ぶり	鰤	〔352〕

難読/誤読 魚介類漢字よみかた辞典　(13)

フン	粉	[191]	まじわる	交	[8]	メン	面	[294]
	鱝	[367]	まつ	松	[97]		鮸	[325]
ブン	文	[82]	まて	蟶	[248]			
	鱝	[367]	まと	的	[166]	**【も】**		
			まながつお	鯧	[335]			
【へ】			まなこ	眼	[172]	も	藻	[230]
			まなぶ	学	[44]	モウ	望	[92]
ヘイ	兵	[20]	まもる	守	[45]		毛	[119]
	平	[62]	まり	毬	[120]		盲	[169]
	鮃	[312]	まるい	円	[21]		網	[202]
ヘキ	甓	[260]	マン	万	[2]	もえる	萌	[222]
べに	紅	[193]		満	[138]	モク	木	[93]
へび	蛇	[235]		鮸	[325]		目	[168]
ヘン	扁	[74]				モツ	物	[151]
ベン	鮸	[325]	**【み】**			もつ	持	[78]
						もと	素	[194]
【ほ】			ミ	味	[32]	もとめる	求	[125]
			みじかい	短	[175]	もの	物	[151]
ホ	保	[15]	みず	水	[121]	もり	杜	[95]
	歩	[116]	みずうみ	湖	[137]	もろい	脆	[209]
ホウ	方	[83]	みぞ	溝	[140]	もろこ	鮂	[310]
	萌	[222]	みちる	満	[138]	もろもろ	諸	[255]
	蓬	[225]	ミョウ	名	[31]	モン	文	[82]
	魴	[305]		明	[85]		紋	[196]
	鮑	[313]						
ボウ	房	[73]	**【む】**			**【や】**		
	望	[92]						
	紡	[195]	ム	武	[115]	や	矢	[174]
	茅	[216]	むぎ	麦	[378]	やいと	灸	[144]
	萌	[222]	むつ	鯥	[334]	やがら	簳	[189]
ボク	木	[93]	むね	宗	[46]	やく	焼	[147]
ほし	星	[87]	むろ	室	[47]	やすり	鑢	[279]
ほそい	細	[197]	むろあじ	鰘	[348]	やつ	奴	[40]
ほっけ	鮖	[332]				やっこ	奴	[40]
ほら	洞	[135]	**【め】**			やっつ	八	[18]
ぼら	鯔	[328]				やつれる	悴	[68]
ホン	翻	[206]	め	目	[168]	やど	宿	[49]
	飜	[297]	メイ	名	[31]	やなぎ	柳	[105]
				明	[85]	やま	山	[55]
【ま】			めくら	盲	[169]	やり	槍	[111]
			めし	飯	[298]	やわらかい	柔	[103]
まう	舞	[213]	めす	雌	[286]			
まこと	真	[171]	めばる	鮴	[319]			

【ゆ】

ユ	油	[131]
ユウ	勇	[25]
	有	[91]
	熊	[148]
	疣	[164]
	蝣	[246]
	鮋	[316]
ゆか	床	[64]
ゆき	雪	[288]
ゆぎ	靫	[295]
ゆく	行	[249]
ゆび	指	[77]
ゆむし	螠	[247]

【よ】

よい	吉	[30]
	義	[204]
ヨウ	腰	[211]
	葉	[223]
よっつ	四	[33]
よめ	嫁	[42]
よもぎ	蓬	[225]
よる	寄	[48]
よろず	万	[2]
よわい	弱	[65]

【ら】

ライ	藜	[229]
	雷	[290]
ラク	落	[224]
ラチ	蝲	[244]
ラツ	蝲	[244]
ラン	藍	[227]

【り】

リ	蜊	[240]
リク	陸	[282]
	鯥	[334]

リュウ	柳	[105]
	竜	[184]
	笠	[187]
	鰡	[353]
リョ	鑢	[279]
リョウ	両	[4]
	綾	[199]
リン	輪	[262]

【れ】

レイ	藜	[229]
	鱧	[366]
レン	鎌	[278]
	鰊	[345]

【ろ】

ロ	鑢	[279]
	鱸	[374]
ロウ	籠	[190]
	老	[207]
ロク	鯥	[334]

【わ】

わ	環	[160]
	輪	[262]
わかさぎ	鰙	[333]
	鰘	[349]
わに	鰐	[338]
わら	藁	[228]
われ	我	[71]
ワン	腕	[210]

部首・総画順ガイド

(1) 本文の親字（魚介類の名の先頭第一漢字）を部首順に排列して、その親字の本文での一連番号を〔　〕に囲んで示した。
(2) 同じ部首内の漢字は総画数順に排列した。

部首・総画順ガイド

部首1画

一部
- 一 [1]
- 万 [2]
- 不 [3]
- 両 [4]

丨部
- 中 [5]

丿部
- 久 [6]

乙部
- 九 [7]

部首2画

亠部
- 交 [8]

人部
- 人 [9]
- 介 [10]
- 仁 [11]
- 伊 [12]
- 伏 [13]
- 似 [14]
- 保 [15]
- 倍 [16]
- 儒 [17]

八部
- 八 [18]
- 公 [19]
- 兵 [20]

冂部
- 円 [21]

冫部
- 冰 [22]

刀部
- 刺 [23]

力部
- 加 [24]
- 勇 [25]

十部
- 十 [26]
- 千 [27]
- 半 [28]

部首3画

口部
- 口 [29]
- 吉 [30]
- 名 [31]
- 味 [32]

囗部
- 四 [33]

土部
- 土 [34]
- 垢 [35]
- 堅 [36]

大部
- 大 [37]
- 天 [38]

女部
- 女 [39]
- 奴 [40]
- 姫 [41]
- 嫁 [42]

子部
- 子 [43]
- 学 [44]

宀部
- 守 [45]
- 宗 [46]
- 室 [47]
- 寄 [48]
- 宿 [49]
- 富 [50]

寸部
- 寿 [51]

小部
- 小 [52]

尸部
- 尼 [53]
- 尾 [54]

山部
- 山 [55]
- 岩 [56]
- 巌 [57]

巛部
- 川 [58]

工部
- 巨 [59]

巾部
- 布 [60]
- 常 [61]

干部
- 平 [62]
- 年 [63]

广部
- 床 [64]

弓部
- 弱 [65]
- 張 [66]

彳部
- 微 [67]

部首4画

心部
- 悴 [68]
- 惣 [69]
- 愛 [70]

戈部
- 我 [71]

戸部
- 戸 [72]
- 房 [73]
- 扁 [74]

手部
- 払 [75]
- 拶 [76]
- 指 [77]
- 持 [78]
- 拳 [79]

擬 [80]

支部
- 数 [81]

文部
- 文 [82]

方部
- 方 [83]
- 旗 [84]

日部
- 明 [85]
- 春 [86]
- 星 [87]
- 時 [88]
- 普 [89]

曰部
- 曹 [90]

月部
- 有 [91]
- 望 [92]

木部
- 木 [93]
- 朱 [94]
- 杜 [95]
- 枝 [96]
- 松 [97]
- 東 [98]
- 板 [99]
- 杼 [100]
- 栄 [101]
- 枯 [102]
- 柔 [103]
- 柊 [104]
- 柳 [105]
- 枷 [106]
- 梶 [107]
- 梯 [108]
- 棘 [109]
- 楚 [110]
- 槍 [111]
- 槌 [112]
- 権 [113]
- 橙 [114]

止部
- 武 [115]
- 歩 [116]
- 歯 [117]

比部
- 比 [118]

毛部
- 毛 [119]
- 毬 [120]

水部
- 水 [121]
- 氷 [122]
- 江 [123]
- 沖 [124]
- 求 [125]
- 沙 [126]
- 河 [127]
- 沼 [128]
- 泥 [129]
- 波 [130]
- 油 [131]
- 海 [132]
- 浅 [133]
- 津 [134]
- 洞 [135]
- 淡 [136]
- 湖 [137]
- 満 [138]
- 滑 [139]
- 溝 [140]
- 潤 [141]
- 潮 [142]

火部
- 火 [143]
- 灸 [144]
- 炭 [145]
- 烏 [146]
- 焼 [147]
- 熊 [148]
- 燕 [149]

牛部
- 牡 [150]
- 物 [151]

(18)　難読/誤読 魚介類漢字よみかた辞典

犬部				
狗 〔152〕	碑 〔179〕	肉部	鼈 〔247〕	里部
狭 〔153〕	磚 〔180〕	背 〔208〕	鯉 〔248〕	重 〔270〕
猿 〔154〕	磯 〔181〕	脆 〔209〕	行部	
	示部	腕 〔210〕	行 〔249〕	部首8画
部首5画	神 〔182〕	腰 〔211〕	衣部	
	禾部	膾 〔212〕	衣 〔250〕	金部
玄部	秋 〔183〕	舛部	褄 〔251〕	金 〔271〕
玄 〔155〕	立部	舞 〔213〕	両部	針 〔272〕
玉部	竜 〔184〕	艸部	西 〔252〕	鈍 〔273〕
王 〔156〕	章 〔185〕	花 〔214〕		鉄 〔274〕
玉 〔157〕		苟 〔215〕	部首7画	銀 〔275〕
玳 〔158〕	部首6画	茅 〔216〕		錘 〔276〕
琴 〔159〕		荒 〔217〕	見部	鏃 〔277〕
環 〔160〕	竹部	草 〔218〕	親 〔253〕	鎌 〔278〕
瓦部	竹 〔186〕	華 〔219〕	角部	鑪 〔279〕
瓦 〔161〕	笠 〔187〕	莵 〔220〕	角 〔254〕	
生部	筬 〔188〕	菊 〔221〕	言部	長部
生 〔162〕	簳 〔189〕	萠 〔222〕	諸 〔255〕	長 〔280〕
田部	籠 〔190〕	葉 〔223〕	豕部	阜部
田 〔163〕	米部	落 〔224〕	象 〔256〕	阿 〔281〕
广部	粉 〔191〕	蓬 〔225〕	貝部	陸 〔282〕
疣 〔164〕	糸部	薄 〔226〕	貝 〔257〕	隠 〔283〕
白部	糸 〔192〕	藍 〔227〕	貽 〔258〕	障 〔284〕
白 〔165〕	紅 〔193〕	藁 〔228〕	赤部	隹部
的 〔166〕	素 〔194〕	藜 〔229〕	赤 〔259〕	雁 〔285〕
皮部	紡 〔195〕	藻 〔230〕	足部	雌 〔286〕
皮 〔167〕	紋 〔196〕	虍部	蹙 〔260〕	雨部
目部	細 〔197〕	虎 〔231〕	車部	雨 〔287〕
目 〔168〕	絹 〔198〕	虞 〔232〕	車 〔261〕	雪 〔288〕
盲 〔169〕	綾 〔199〕	虫部	輪 〔262〕	雲 〔289〕
相 〔170〕	総 〔200〕	虱 〔233〕	辛部	雷 〔290〕
真 〔171〕	緋 〔201〕	蚊 〔234〕	辛 〔263〕	霰 〔291〕
眼 〔172〕	網 〔202〕	蛇 〔235〕	辶部	青部
着 〔173〕	羊部	蛞 〔236〕	逆 〔264〕	青 〔292〕
矢部	美 〔203〕	蛸 〔237〕	追 〔265〕	非部
矢 〔174〕	義 〔204〕	蜆 〔238〕	過 〔266〕	非 〔293〕
短 〔175〕	羽部	蜑 〔239〕	邑部	
石部	羽 〔205〕	蜊 〔240〕	那 〔267〕	部首9画
石 〔176〕	翻 〔206〕	蜈 〔241〕	酉部	
砂 〔177〕	老部	蜘 〔242〕	酸 〔268〕	面部
研 〔178〕	老 〔207〕	蜷 〔243〕	醤 〔269〕	面 〔294〕
		蝌 〔244〕		革部
		蝦 〔245〕		靫 〔295〕
		蝤 〔246〕		

難読/誤読 魚介類漢字よみかた辞典

部首・総画順ガイド

風部
　風 [296]
飛部
　飜 [297]
食部
　飯 [298]
香部
　香 [299]

部首10画

馬部
　馬 [300]
　駄 [301]
高部
　高 [302]
髟部
　鬘 [303]
鬼部
　鬼 [304]

部首11画

魚部
　魦 [305]
　魽 [306]
　魴 [307]
　魦 [308]
　魳 [309]
　魮 [310]
　鮎 [311]
　鮃 [312]
　鮑 [313]
　鮗 [314]
　鮊 [315]
　鮋 [316]
　鮫 [317]
　鮱 [318]
　鮴 [319]
　鮵 [320]
　鮖 [321]
　鯊 [322]

　鮹 [323]
　鮪 [324]
　鮟 [325]
　鮸 [326]
　鯏 [327]
　鯔 [328]
　鯡 [329]
　鯑 [330]
　鯰 [331]
　鮱 [332]
　鮱 [333]
　鮭 [334]
　鯧 [335]
　鯱 [336]
　鰍 [337]
　鰐 [338]
　鯉 [339]
　鰓 [340]
　鮪 [341]
　鰆 [342]
　鰈 [343]
　鰒 [344]
　鰊 [345]
　鰄 [346]
　鯖 [347]
　鮏 [348]
　鯌 [349]
　鰭 [350]
　鰮 [351]
　鰤 [352]
　鰡 [353]
　鰰 [354]
　魮 [355]
　鯱 [356]
　鰰 [357]
　鰧 [358]
　鰺 [359]
　鰶 [360]
　鱚 [361]
　鱏 [362]
　鱓 [363]
　鱖 [364]
　鰮 [365]
　鱧 [366]
　鱒 [367]

　鱸 [368]
　鱮 [369]
　鯖 [370]
　鱟 [371]
　鱶 [372]
　鱵 [373]
　鱸 [374]

鳥部
　鴉 [375]
　鳶 [376]
　鶏 [377]

麥部
　麦 [378]

部首12画

黄部
　黄 [379]
黍部
　黍 [380]
黒部
　黒 [381]

部首13画

鼠部
　鼠 [382]

(20)　難読/誤読 魚介類漢字よみかた辞典

難読誤読 魚介類漢字よみかた辞典

部首1画《一部》

〔1〕一

[4]一水母　ひとつくらげ
刺胞動物門ヒドロ虫綱管クラゲ目フタツクラゲ科のクラゲ。

〔2〕万

[8]万宝貝　まんぼうがい
腹足綱トウカムリ科の巻貝。殻長8cm。〔分布〕奄美諸島以南、熱帯インド・西太平洋。サンゴ礁付近に生息。

[13]万歳魚　まんざいうお
硬骨魚綱スズキ目スズキ亜目シマガツオ科マンザイウオ属の魚。〔分布〕相模湾、新潟、北海道南岸、北太平洋、北大西洋、南アフリカ。

〔3〕不

[6]不如帰貝　ほととぎすがい
二枚貝綱イガイ目イガイ科の二枚貝。殻長2.2cm, 殻幅7mm。〔分布〕北海道南部から九州、東南アジア。内湾の潮間帯から水深10mまでの泥底に生息。

[19]不鯛　ぶだい
硬骨魚綱スズキ目ベラ亜目ブダイ科ブダイ属の魚。全長40cm。〔分布〕南日本、小笠原。藻場・礫域に生息。

　青不鯛　あおぶだい

〔4〕両

[12]両棘赤蝦　もろとげあかえび
軟甲綱十脚目長尾亜目タラバエビ科のエビ。体長130mm。

部首1画《丨部》

〔5〕中

[16]中膨鯵　なかぶくらあじ
〔季語〕夏。鯵の一種。

部首1画《ノ部》

〔6〕久

[13]久慈鱏　くじかすべ
エイ目エイ亜目ガンギエイ科クジカスベ属の魚。体長1m。〔分布〕千島列島近海〜東シナ海。深海に生息。

部首1画《乙部》

〔7〕九

[9]九星銀鮫　ここのほしぎんざめ
軟骨魚綱ギンザメ目ギンザメ科アカギンザメ属の魚。全長1m。〔分布〕北海道から銚子沖の太平洋岸。水深200〜1100mに生息。

[超]12 九絵 くえ

スズキ目スズキ亜目ハタ科マハタ属の魚。全長80cm。〔分布〕南日本（日本海側では舳倉島まで）、シナ海、フィリピン。沿岸浅所〜深所の岩礁域に生息。

部首2画《亠部》

〔8〕交

[超]17 交藍子 まじりあいご

硬骨魚綱スズキ目ニザダイ亜目アイゴ科アイゴ属の魚。全長25cm。〔分布〕沖縄県以南〜西太平洋。岩礁域に生息。

部首2画《人部》

〔9〕人

[超]4 人手 ひとで

棘皮動物門ヒトデ綱に属する海産動物の総称。

〔10〕介

[超]10 介党鱈 すけとうだら

タラ目タラ科スケトウダラ属の魚。全長40cm。〔分布〕山口県、宮城県以北〜北日本海、オホーツク海、ベーリング海、北太平洋。0〜2000mの表・中層域に生息。タラよりもからだが細いもの。〔季語〕冬。

〔11〕仁

[超]10 仁座鯛 にざだい

硬骨魚綱スズキ目ニザダイ亜目ニザダイ科ニザダイ属の魚。全長35cm。〔分布〕宮城県以南〜台湾。岩礁域に生息。

〔12〕伊

[超]7 伊佐木 いさき

スズキ目スズキ亜目イサキ科イサキ属の魚。全長30cm。〔分布〕沖縄を除く本州中部以南、八丈島〜南シナ海。浅海岩礁域に生息。

赤伊佐木 あかいさき
縞伊佐木 しまいさき

伊佐幾 いさき

スズキ目スズキ亜目イサキ科イサキ属の魚。全長30cm。〔分布〕沖縄を除く本州中部以南、八丈島〜南シナ海。浅海岩礁域に生息。

縞伊佐幾 しまいさき
天竺伊佐幾 てんじくいさき
　硬骨魚綱スズキ目イスズミ科イスズミ属の魚。全長35cm。〔分布〕本州中部以南〜インド・西太平洋。浅海岩礁域に生息。
星溝伊佐幾 ほしみぞいさき

伊寿墨 いすずみ

スズキ目イスズミ科イスズミ属の魚。全長35cm。〔分布〕本州中部以南〜インド・西部太平洋。幼魚は流れ藻、成魚は浅海の岩礁域に生息。

[超]12 伊富 いとう

サケ目サケ科イトウ属の魚。サケ

人部（伏, 似, 保, 倍）

科の中では他の3属（サケ、ニジマス、イワナ）に比べて原始的である。全長70cm。〔分布〕北海道、南千島、サハリン、沿海州。湿地帯のある河川の下流域や海岸近くの湖沼に生息。絶滅危惧IB類。

伊須墨　いすずみ

スズキ目イスズミ科イスズミ属の魚。全長35cm。〔分布〕本州中部以南～インド・西部太平洋。幼魚は流れ藻、成魚は浅海の岩礁域に生息。

〔13〕伏

伏老　はいがい [6]

二枚貝綱フネガイ目フネガイ科の二枚貝。殻長6.3cm、殻高4.6cm。〔分布〕伊勢湾以南、東南アジア、インド。内湾, 潮間帯～水深10mの泥底に生息。

〔14〕似

似五郎鮒　にごろぶな [4]

硬骨魚綱コイ目コイ科フナ属の魚。全長30cm。〔分布〕琵琶湖のみ。湖岸の中・底層域に生息。絶滅危惧IB類。

似座鯛　にざだい [10]

硬骨魚綱スズキ目ニザダイ亜目ニザダイ科ニザダイ属の魚。全長35cm。〔分布〕宮城県以南～台湾。岩礁域に生息。

〔15〕保

保夜　ほや [8]

〔季語〕夏、冬。原索動物の海鞘目に属する海産動物。全身が皮状の厚い外皮でおおわれ、イボ状の突起がある。

〔16〕倍

倍呂　べろ [7]

硬骨魚綱カサゴ目カジカ亜目カジカ科ベロ属の魚。全長10cm。〔分布〕本州中部以北～樺太・ピーター大帝湾。沿岸の藻場に生息。

倍呂鰈　べろがれい

倍呂鰈　べろがれい

硬骨魚綱カレイ目ベロガレイ科ベロガレイ属の魚。全長15cm。〔分布〕本州中部以南、東シナ海、台湾、香港、オーストラリア・ニューサウスウェールズ。

倍良　べら

硬骨魚綱スズキ目ベラ科の海水魚の総称。
乙女倍良　おとめべら
御歯黒倍良　おはぐろべら
歯黒倍良　おはぐろべら
魛倍良　かますべら
鰤倍良　かますべら
冠倍良　かんむりべら
義智倍良　ぎちべら
狐倍良　きつねべら
釘倍良　くぎべら
楔倍良　くさびべら
笹之葉倍良　ささのはべら
白鞍倍良　しろくらべら
染分倍良　そめわけべら
滝倍良　たきべら
垂口倍良　たれくちべら
錦倍良　にしきべら
鰭黒倍良　ひれぐろべら

倍良銀宝　べらぎんぽ
星笹葉倍良　ほしささのはべら
山吹倍良　やまぶきべら

倍良銀宝　べらぎんぽ
硬骨魚綱スズキ目ワニギス亜目ベラギンポ科ベラギンポ属の魚。全長15cm。〔分布〕南日本〜インド・西太平洋。砂質域に生息。

〔17〕儒

[6] 儒艮　じゅごん
哺乳綱海牛目ジュゴン科の海産動物。絶滅危惧II類。

部首2画《八部》

〔18〕八

[3] 八丈宝　はちじょうだから
腹足綱タカラガイ科の巻貝。殻長11cm。〔分布〕三浦半島以南の熱帯インド・西太平洋。潮間帯下部〜水深10mの岩礁に生息。

[5] 八代貝　やつしろがい
腹足綱ヤツシロガイ科の巻貝。殻長8cm。〔分布〕北海道南部以南。水深10〜200mの細砂底に生息。

八目　やつめ
〔季語〕冬。ヤツメウナギのこと。
河八目　かわやつめ
川八目　かわやつめ
砂八目　すなやつめ

八目鰻　やつめうなぎ
無顎綱ヤツメウナギ目ヤツメウナギ科Peteromyzonidaeの魚類の総称。〔季語〕冬。

[7] 八角角貝　やかどつのがい
掘足綱ツノガイ目ゾウゲツノガイ科の軟体動物。殻長6cm。〔分布〕北海道南部以南、熱帯インド・西太平洋域。潮間帯下部から水深約100mまでの細砂底に生息。

〔19〕公

[11] 公魚　わかさぎ
硬骨魚綱サケ目キュウリウオ科ワカサギ属の魚。全長8cm。〔分布〕北海道、東京都・島根県以北の本州。湖沼、ダム湖、河川の下流域から内湾の沿岸域に生息。〔季語〕春。ワカサギ科の海魚、からあげなどにして美味。

〔20〕兵

[7] 兵児鮎　へこあゆ
硬骨魚綱トゲウオ目ヨウジウオ亜目ヘコアユ科ヘコアユ属の魚。全長8cm。〔分布〕相模湾以南、インド・西太平洋域。サンゴ礁域、浅所の砂底域に生息。

部首2画《冂部》

〔21〕円

[7] 円坊魚　まんぼう
硬骨魚綱フグ目フグ亜目マンボウ科マンボウ属の魚。全長50cm。

〔分布〕北海道以南～世界中の温帯・熱帯海域。外洋の主に表層に生息。

部首2画 《冫部》

〔22〕冰

[11] 冰魚　ひうお，ひお
〔季語〕冬。琵琶湖に産するコアユの一種。

部首2画 《刀部》

〔23〕刺

[3] 刺子　あいご
スズキ目ニザダイ亜目アイゴ科アイゴ属の魚。全長20cm。〔分布〕山陰・下北半島以南、琉球列島、台湾、フィリピン、西オーストラリア。岩礁域、藻場に生息。

部首2画 《力部》

〔24〕加

[12] 加須那儀　かずなぎ
スズキ目ゲンゲ亜目ゲンゲ科カズナギ属の魚。体長7cm。〔分布〕和歌山県～北海道全海域。沿岸の岩礁域や海藻の間に生息。

〔25〕勇

[11] 勇魚　いさな
〔季語〕冬。くじらの古名。

部首2画 《十部》

〔26〕十

[5] 十目蛇尾　とうめくもひとで
棘皮動物門クモヒトデ綱閉蛇尾目アワハダクモヒトデ科の海産動物。盤の直径最大20mm。〔分布〕インド-西太平洋全域、日本では房総半島以西の太平洋岸。

〔27〕千

[13] 千歳法螺　ちとせながにし
腹足綱新腹足目イトマキボラ科の巻貝。殻長15cm。〔分布〕伊豆半島以南、インド・西太平洋。潮間帯下部～水深30mの岩礁底に生息。

〔28〕半

[5] 半辺蚶　いたやがい
〔季語〕春。板屋貝の別称。

部首3画《口部》

[29] 口

³口女　くちめ
〔季語〕秋。ボラの異称。

[30] 吉

¹²吉備女子　きびなご
ニシン目ニシン科キビナゴ属の魚。体長11cm。〔分布〕南日本〜東南アジア、インド洋、紅海、東アフリカ。沿岸域に生息。

吉備奈子　きびなご
ニシン目ニシン科キビナゴ属の魚。体長11cm。〔分布〕南日本〜東南アジア、インド洋、紅海、東アフリカ。沿岸域に生息。

吉備奈仔　きびなご
ニシン目ニシン科キビナゴ属の魚。体長11cm。〔分布〕南日本〜東南アジア、インド洋、紅海、東アフリカ。沿岸域に生息。

[31] 名

⁶名吉　なよし
〔季語〕秋。ボラの異称。

[32] 味

³味女鰌　あじめどじょう
コイ目ドジョウ科アジメドジョウ属の魚。全長6cm。〔分布〕富山県、長野県、岐阜県、福井県、滋賀県、京都府、三重県、大阪府。山間の河川の上・中流域に生息。絶滅危惧II類。

部首3画《口部》

[33] 四

⁹四点奴　してんやっこ
スズキ目キンチャクダイ科シテンヤッコ属の魚。全長20cm。〔分布〕相模湾以南〜インド・西太平洋。サンゴ礁・岩礁域に生息。

部首3画《土部》

[34] 土

⁷土吹　つちふき
硬骨魚綱コイ目コイ科ツチフキ属の魚。全長6cm。〔分布〕濃尾平野、近畿地方、山陽地方、九州北西部、宮城県、関東平野、朝鮮半島と中国東部。平野部の浅い池沼、流れのない用水、河川敷内のワンドに生息。泥底または砂泥底に身を伏せる。絶滅危惧IB類。

⁹土負貝　どぶがい
二枚貝綱イシガイ目イシガイ科の二枚貝。

土負蜆　どぶしじみ
二枚貝綱マルスダレガイ目マメシジミ科の二枚貝。

土部(垢,堅) 大部(大)

[35] 垢

[18] 垢穢 くえ
スズキ目スズキ亜目ハタ科マハタ属の魚。全長80cm。〔分布〕南日本（日本海側では舳倉島まで）、シナ海、フィリピン。沿岸浅所～深所の岩礁域に生息。

[36] 堅

[11] 堅魚 かつお
〔季語〕夏。鰹の別称。

部首3画《大部》

[37] 大

[3] 大口石投 おおくちいしなぎ
スズキ目スズキ亜目イシナギ科イシナギ属の魚。全長70cm。〔分布〕北海道～高知県・石川県。水深400～600mの岩礁域に生息。

大口魚 まだら
硬骨魚綱タラ目タラ科マダラ属の魚。全長60cm。〔分布〕朝鮮半島周辺～北米カリフォルニア州サンタ・モニカ湾までの北緯34度以北の北太平洋。大陸棚および大陸棚斜面に生息。

[4] 大毛蝸牛 おおけまいまい
腹足綱有肺亜綱柄眼目オナジマイマイ科の陸生貝類。

[9] 大逆 おおさが
カサゴ目カサゴ亜目フサカサゴ科メバル属の魚。体長60cm。〔分布〕銚子～北海道、千島、天皇山。水深450～1000mに生息。

[12] 大硨磲 おおしゃこがい
二枚貝綱マルスダレガイ目シャコガイ科の二枚貝。殻長75cm, 殻高44cm。〔分布〕沖縄から北オーストラリアにかけての西太平洋。サンゴ礁の水深2～20mに生息。

[16] 大鮃 おひょう
カレイ目カレイ科オヒョウ属の魚。オス体長1.4m、メス体長2.7m。〔分布〕東北地方以北～日本海北部・北米太平洋側。

[21] 大灘海蛇 だいなんうみへび
硬骨魚綱ウナギ目ウナギ亜目ウミヘビ科ダイナンウミヘビ属の魚。全長140cm。〔分布〕南日本、インド・西太平洋域、大西洋。内湾の浅部から水深500mぐらいまでに生息。

大灘銀宝 だいなんぎんぽ
硬骨魚綱スズキ目ゲンゲ亜目タウエガジ科ダイナンギンポ属の魚。全長20cm。〔分布〕日本各地、朝鮮半島南部、遼東半島。岩礁域の潮間帯に生息。

[38] 天

[11] 天魚 あまご
サケ目サケ科サケ属の魚。降海名サツキマス（マス、ホンマス、カワマス、シラメ）、陸封名アマゴ（アメゴ、ヒラベ、キンエノハ）。全長10cm。[分布] 静岡県以南の本州の太平洋・瀬戸内海側、四国、大分県、宮崎県。準絶滅危惧種。

[12] 天須 てんす
硬骨魚綱スズキ目ベラ亜目ベラ科テンス属の魚。全長35cm。[分布] 南日本～東インド。砂質域に生息。

部首3画《女部》

[39] 女

[18] 女鯒 めごち
硬骨魚綱カサゴ目カサゴ亜目コチ科メゴチ属の魚。全長30cm。[分布] 南日本、東シナ海、黄海。内湾から水深100mの砂泥底に生息。

[40] 奴

[12] 奴智鮫 どちざめ
軟骨魚綱メジロザメ目ドチザメ科ドチザメ属の魚。全長100cm。[分布] 北海道南部以南の日本各地、東シナ海、日本海大陸沿岸、渤海、黄海、台湾。内湾の砂地や藻場に生息。汽水域にも出現し低塩分にも対応する。

[41] 姫

[8] 姫物洗貝 ひめものあらがい
腹足綱有肺目基眼目モノアラガイ科の巻貝。

[42] 嫁

[11] 嫁笠 よめがかさ
腹足綱原始腹足目ヨメガカサガイ科の軟体動物。殻長4～6cm。[分布] 北海道南部～沖縄、台湾、朝鮮半島、中国。潮間帯岩礁に生息。

部首3画《子部》

[43] 子

子の代 このしろ
ニシン目ニシン科コノシロ属の魚。全長17cm。[分布] 新潟県、松島湾以南～南シナ海北部。内湾性で、産卵期には汽水域に回遊。

[9] 子持雑子 こもちじゃこ
スズキ目ハゼ亜目ハゼ科アカハゼ属の魚。全長5cm。[分布] 北海道～九州、朝鮮半島。泥底に生息。

[44] 学

[22] 学鰹 まながつお
硬骨魚綱スズキ目イボダイ亜目マナガツオ科マナガツオ属の魚。体長60cm。[分布] 南日本、東シナ海。大陸棚砂泥底に生息。

宀部(守,宗,室,寄,宿,富)

部首3画《宀部》

[45] 守

守宮鮫　やもりざめ [10]
軟骨魚綱メジロザメ目トラザメ科ヤモリザメ属の魚。体長60cm。〔分布〕静岡県以南～東シナ海、トンキン湾。深海に生息。

[46] 宗

宗太鰹　そうだがつお [4]
硬骨魚綱スズキ目サバ科ソウダガツオ属の海水魚の総称。カツオに近い海魚。北海道より九州にまで広く分布し、普通沖合いを游泳する。〔季語〕秋、夏。

[47] 室

室鯵　むろあじ [22]
硬骨魚綱スズキ目スズキ亜目アジ科ムロアジ属の魚。側線上にぜんごがある。体長40cm。〔分布〕南日本、東シナ海。沿岸や島嶼の周辺に生息。〔季語〕夏。

[48] 寄

寄居虫　やどかり [8]
〔季語〕春。甲殻類、十脚目の中の異尾亜目で、空殻に入る種の俗称。

寄居虫磯巾着　やどかりいそぎんちゃく

[49] 宿

宿借　やどかり [10]
節足動物門軟甲綱十脚目異尾亜目ヤドカリ科・ホンヤドカリ科・オキヤドカリ科・ツノガイヤドカリ科に属する動物。

毬栗本宿借　いがぐりほんやどかり
石畳宿借　いしだたみやどかり
岡宿借　おかやどかり
陸宿借　おかやどかり
鬼宿借　おにやどかり
小紋宿借　こもんやどかり
滑々珊瑚宿借　すべすべさんごやどかり
粗面宿借　そめんやどかり
本宿借　ほんやどかり
宿借砂巾着　やどかりすなぎんちゃく
大和本宿借　やまとほんやどかり
横筋宿借　よこすじやどかり

[50] 富

富魚　とみよ [11]
硬骨魚綱トゲウオ目トゲウオ亜目トゲウオ科トミヨ属の魚。全長5cm。〔分布〕福井県～青森県にいたる日本海側の本州、北海道、朝鮮半島～アムール川。水の澄んだ細流や池に生息。

部首3画 《寸部》

[51] 寿

[13]寿聖螺　じゅせいら

腹足綱フジツガイ科の巻貝。殻長6cm。〔分布〕紀伊半島以南、熱帯インド・西太平洋。潮間帯下部の岩礁に生息。

部首3画 《小部》

[52] 小

[10]小紋糟倍　こもんかすべ

エイ目エイ亜目ガンギエイ科コモンカスベ属の魚。体長50cm。〔分布〕函館以南、東シナ海。水深30〜100mの砂泥底に生息。

[16]小鮑　とこぶし

〔季語〕春。アワビガイ科。形も味も鮑の小型。

部首3画 《尸部》

[53] 尼

[3]尼口火　あまくちび

スズキ目スズキ亜目タイ科フエフキダイ属の魚。全長70cm。〔分布〕沖縄県〜インド・西太平洋。100m以浅の砂礫・岩礁域に生息。

[54] 尾

[7]尾赤鯥　おあかむろ

スズキ目スズキ亜目アジ科ムロアジ属の魚。尾だけでなく、すべてのひれが生時には赤い。体長40cm。〔分布〕南日本、インド・太平洋域、大西洋の熱帯域。大陸棚縁辺部の表層〜360mに生息。

部首3画 《山部》

[55] 山

[3]山女魚　やまめ

〔季語〕夏。サクラマスの若年魚のこと。

[56] 岩

[3]岩女　いわめ

サケ目サケ科サケ属の淡水魚。

岩女魚　いわめ

サケ目サケ科サケ属の淡水魚。

[57] 巌

[11]巌魚　いわな

〔季語〕夏。陸封されたアメマスのこと。

巛部(川) 工部(巨) 巾部(布, 常) 干部(平)

部首3画 《巛部》

〔58〕川

[8] 川明太　かわめんたい
タラ目タラ科の魚。体長40cm。

[20] 川鯉　かわひがい
コイ目コイ科ヒガイ属の魚。全長10cm。〔分布〕濃尾平野、琵琶湖注入河川、京都盆地、山口県を除く山陽地方、九州北西部、長崎県壱岐。河川の中・下流の緩流域とそれに続く用水に生息。準絶滅危惧種。

部首3画 《工部》

〔59〕巨

[16] 巨頭鯨　ごんどうくじら
哺乳綱クジラ目マイルカ科ゴンドウクジラ属に含まれるハクジラの総称。
沖巨頭　おきごんどう
数歯巨頭　かずはごんどう
河巨頭　かわごんどう
小鰭巨頭　こびれごんどう
花巨頭　はなごんどう
鼻巨頭　はなごんどう
夢巨頭　ゆめごんどう

部首3画 《巾部》

〔60〕布

[3] 布久　ふぐ
フグ目の魚のうちおもにマフグ科に属する種類の総称。
虎布久　とらふぐ

[11] 布袋魚　ほていうお
硬骨魚綱カサゴ目カジカ亜目ダンゴウオ科ホテイウオ属の魚。全長20cm。〔分布〕神奈川県三崎・若狭湾以北〜オホーツク海、ベーリング海、カナダ・ブリティッシュコロンビア。水深100〜200m, 12〜2月には浅海の岩礁で産卵。

〔61〕常

[13] 常節　とこぶし
腹足綱ミミガイ科の巻貝。殻長7cm。〔分布〕北海道南部から九州、台湾。潮間帯の岩礁に生息。〔季語〕春。アワビに似るが小型。春期美味。

部首3画 《干部》

〔62〕平

平　ひら
硬骨魚綱ニシン目ニシン科ヒラ属の魚。体長50cm。〔分布〕富山湾・大阪湾以南、中国、東南アジア、インド。内湾性で汽水域にも入る。

干部（年）广部（床）弓部（弱, 張）亻部（微）

平政 ひらまさ [9]

硬骨魚綱スズキ目スズキ亜目アジ科ブリ属の魚。全長80cm。〔分布〕東北地方以南（琉球列島を除く）、全世界の温・亜熱帯域。沿岸の中・下層に生息。

平頭 ひらがしら [16]

軟骨魚綱メジロザメ目メジロザメ科ヒラガシラ属の魚。全長1m。〔分布〕南日本～インド・西太平洋、東部大西洋。沿岸域および外洋の表層から水深200m前後に生息。

平鯛 へだい [19]

硬骨魚綱スズキ目スズキ亜目タイ科ヘダイ属の魚。体長40cm。〔分布〕南日本、インド洋、オーストラリア。沿岸の岩礁や内湾に生息。

平鰤 ひらまさ [21]

硬骨魚綱スズキ目スズキ亜目アジ科ブリ属の魚。全長80cm。〔分布〕東北地方以南（琉球列島を除く）、全世界の温・亜熱帯域。沿岸の中・下層に生息。〔季語〕夏。ブリ科に属する沖魚。夏に美味。

〔63〕年

年魚 あゆ [11]

サケ目アユ科アユ属の魚。全長15cm。〔分布〕北海道西部以南から南九州までの日本各地、朝鮮半島～ベトナム北部。河川の上・中流域、清澄な湖、ダム湖に生息。岩盤や礫底の瀬や淵を好む。

年魚 ねんぎょ

〔季語〕夏。アユの別称。

部首3画《广部》

〔64〕床

床伏 とこぶし [6]

腹足綱ミミガイ科の巻貝。殻長7cm。〔分布〕北海道南部から九州、台湾。潮間帯の岩礁に生息。

福床伏 ふくとこぶし

部首3画《弓部》

〔65〕弱

弱魚 いわし [11]

〔季語〕秋。イワシは日本近海に産する最も普通なマイワシおよびカタクチイワシ・ウルメなどの総称。

〔66〕張

張目 はつめ [5]

硬骨魚綱カサゴ目カサゴ亜目フサカサゴ科メバル属の魚。体長25cm。〔分布〕島根県・千葉県以北、朝鮮半島東北部、沿海州、オホーツク海。水深100～300mに生息。

部首3画《亻部》

〔67〕微

微倫吾 びりんご [10]

硬骨魚綱スズキ目ハゼ亜目ハゼ科

14 難読/誤読 魚介類漢字よみかた辞典

心部(悴,惣,愛) 戈部(我) 戸部(戸,房,扁)

ウキゴリ属の魚。全長5cm。〔分布〕北海道～屋久島、サハリン、色丹島、沿海州、朝鮮半島、中国。汽水域～淡水域に生息。

部首4画《心部》

〔68〕悴

[11]悴蚯蚓 かせみみず

無板綱溝腹亜綱サンゴノホソヒモ科の軟体動物。ミミズのような形をしている。体長30cm。〔分布〕房総半島、紀伊半島、天草、野母。

〔69〕惣

[4]惣太鰹 そうだがつお

〔季語〕秋。カツオに近い海魚。北海道より九州にまで広く分布し、普通沖合いを游泳する。

〔70〕愛

[11]愛魚女 あいなめ

カサゴ目カジカ亜目アイナメ科アイナメ属の魚。全長30cm。〔分布〕日本各地、朝鮮半島南部、黄海。浅海岩礁域に生息。

部首4画《戈部》

〔71〕我

[8]我侍 がじ

スズキ目ゲンゲ亜目タウエガジ科オキカズナギ属の魚。全長20cm。〔分布〕富山県・青森県以北～日本海北部、カムチャッカ半島。沿岸近くの藻場に生息。

田植我侍　たうえがじ
長我侍　なががじ
縫目我侍　ぬいめがじ

[9]我津那義 かずなぎ

スズキ目ゲンゲ亜目ゲンゲ科カズナギ属の魚。体長7cm。〔分布〕和歌山県～北海道全海域。沿岸の岩礁域や海藻の間に生息。

部首4画《戸部》

〔72〕戸

[6]戸毎目張 とごっとめばる

硬骨魚綱カサゴ目カサゴ亜目フサカサゴ科メバル属の魚。全長15cm。〔分布〕岩手県・新潟県以南、朝鮮半島南部。沿岸のやや深い岩礁に生息。

〔73〕房

[11]房笠子 ふさかさご

硬骨魚綱カサゴ目カサゴ亜目フサカサゴ科フサカサゴ属の魚。体長23cm。〔分布〕本州中部以南、釜山。水深100mに生息。

〔74〕扁

[17]扁螺 きさご

腹足綱ニシキウズ科の巻貝。殻幅2.3cm。〔分布〕北海道南部～九州。潮間帯～水深10mの砂底に生息。

難読/誤読 魚介類漢字よみかた辞典　15

[24] 扁鱝 ひらたえい
軟骨魚綱カンギエイ目エイ亜目ヒラタエイ科ヒラタエイ属の魚。全長30cm。〔分布〕南日本～東シナ海。大陸棚砂底域に生息。

部首4画《手部》

[75] 払

[3] 払子介 ほっすがい
海綿動物門六放海綿綱ホッスガイ科の水生動物。

[76] 拶

[4] 拶双魚 さっぱ
ニシン目ニシン科サッパ属の魚。全長13cm。〔分布〕北海道以南、黄海、台湾。内湾性で、沿岸の浅い砂泥域に生息。

拶双魚 みずん
硬骨魚綱ニシン目ニシン科ミズン属の魚。全長8cm。〔分布〕沖縄県、インド・西太平洋。日中は水深数メートルの浅海域、夜間は外洋の深海域に生息。

[18] 拶雙魚 さっぱ
ニシン目ニシン科サッパ属の魚。全長13cm。〔分布〕北海道以南、黄海、台湾。内湾性で、沿岸の浅い砂泥域に生息。

[77] 指

[11] 指脳鶏冠 ゆびのうとさか
ウミトサカ目ウミトサカ科の海産動物。

[78] 持

[3] 持子 もつご
硬骨魚綱コイ目コイ科モツゴ属の魚。全長6cm。〔分布〕関東以西の本州、四国、九州、朝鮮半島、台湾、沿海州から北ベトナムまでのアジア大陸東部。平野部の浅い湖沼や池、堀割、用水などに生息。

[79] 拳

[17] 拳螺 さざえ
腹足綱リュウテンサザエ科の巻貝。殻高12cm。〔分布〕北海道南部～九州、朝鮮半島。潮間帯下部～水深20mに生息。〔季語〕春。

[19] 拳蟹 こぶしがに
軟甲綱十脚目短尾亜目コブシガニ科コブシガニ属のカニ。まるく盛り上がった甲面が陶器のような光沢をもつ。水深30～100mの砂泥底に生息。

[80] 擬

[6] 擬虫巾着 むしもどきぎんちゃく
花虫綱六放サンゴ亜綱イソギンチャク目イマイソギンチャク亜目エドワルジア科の海産動物。

[8]擬宝珠虫　ぎぼしむし
半索動物門腸鰓目ギボシムシ科の半索動物。

[16]擬錐貝　きりがいだまし
腹足綱キリガイダマシ科の巻貝。殻高16cm。〔分布〕台湾以南の太平洋。潮間帯下の砂泥底に生息。

部首4画《支部》

[81] 数

[8]数具鱏　ずぐえい
エイ目エイ亜目アカエイ科アカエイ属の魚。体長70cm。〔分布〕南日本～インド洋。やや深所に生息。

[12]数歯巨頭　かずはごんどう
哺乳綱クジラ目ゴンドウクジラ科の小形ハクジラ。体長2.1～2.7m。〔分布〕世界中の熱帯から亜熱帯にかけての沖合い。

部首4画《文部》

[82] 文

[5]文目笠子　あやめかさご
カサゴ目カサゴ亜目フサカサゴ科カサゴ属の魚。全長20cm。〔分布〕房総半島・佐渡～東シナ海、朝鮮半島南部、香港。水深30～100mの岩礁に生息。

部首4画《方部》

[83] 方

[16]方頭魚　かながしら
カサゴ目カサゴ亜目ホウボウ科カナガシラ属の魚。体長30cm。〔分布〕北海道南部以南、東シナ海、黄海～南シナ海。水深40～340mに生息。〔季語〕冬。中部以南の海にすむホウボウ科の魚で、胸ビレが大きくないもの。

[84] 旗

[5]旗立粘　はたたてぬめり
硬骨魚綱スズキ目ネズッポ亜目ネズッポ科ネズッポ属の魚。全長8cm。〔分布〕石狩湾以南の各地の沿岸、朝鮮半島南岸。内湾の泥底に生息。

旗立滑　はたたてぬめり
硬骨魚綱スズキ目ネズッポ亜目ネズッポ科ネズッポ属の魚。全長8cm。〔分布〕石狩湾以南の各地の沿岸、朝鮮半島南岸。内湾の泥底に生息。

旗立鯛　はたたてだい
硬骨魚綱スズキ目チョウチョウオ科ハタタテダイ属の魚。全長15cm。〔分布〕長崎県および下北半島以南～インド・中部太平洋（ハワイ諸島を除く）。岩礁域に生息。

旗魚 かじき[11]

硬骨魚綱スズキ目マカジキ科とメカジキ科に属する海水魚の総称。〔季語〕冬。大型の回游魚で、上顎が長くとがっているもの。

旗雲蟹 はたぐもがに[12]

軟甲綱十脚目短尾亜目オウギガニ科キンチャクガニ属のカニ。

部首4画《日部》

〔85〕明

明太魚 めんたいぎょ[4]

〔季語〕冬。タラ科の魚で、タラよりもからだが細いもの。スケトウダラの異称。

〔86〕春

春告魚 にしん[7]

硬骨魚綱ニシン目ニシン科ニシン属の魚。全長25cm。〔分布〕北日本～釜山、ベーリング海、カリフォルニア。産卵期に群れをなして沿岸域に回遊する。〔季語〕春。

〔87〕星

星宝貝 ほしだからがい[8]

腹足綱タカラガイ科の巻貝。殻長11cm。〔分布〕三浦半島・山口県北部以南の熱帯インド・西太平洋。潮間帯～水深40mの岩礁・サンゴ礁に生息。

〔88〕時

時鳥貝 ほととぎすがい[11]

二枚貝綱イガイ目イガイ科の二枚貝。殻長2.2cm、殻幅7mm。〔分布〕北海道南部から九州、東南アジア。内湾の潮間帯から水深10mまでの泥底に生息。

〔89〕普

普通蝸牛 なみまいまい[10]

軟体動物門腹足綱オナジマイマイ科の陸生貝類。

部首4画《曰部》

〔90〕曹

曹白魚 ひら[5]

硬骨魚綱ニシン目ニシン科ヒラ属の魚。体長50cm。〔分布〕富山湾・大阪湾以南、中国、東南アジア、インド。内湾性で汽水域にも入る。

部首4画《月部》

〔91〕有

有磯貝 ありそがい[17]

二枚貝綱マルスダレガイ目バカガイ科の二枚貝。殻長12cm、殻高10cm。〔分布〕相模湾以南、九州、中国大陸南岸、東南アジア。潮間帯下部～水深20mの砂底に生息。

[92] 望

望潮 しおまねき
〔季語〕春。スナガニ科のカニで、干潮の際のはさみを動かす姿が潮を招いているかのように見えるためこの名がある。

望潮魚 いいだこ
〔季語〕春。タコ科に属する小型のタコ。卵が米粒のような形をしているためこの名がある。

部首4画《木部》

[93] 木

木八束 きはっそく
スズキ目スズキ亜目ハタ科キハッソク属の魚。全長15cm。〔分布〕南日本、インド・西太平洋域。沿岸の岩礁域やサンゴ礁域の浅所に生息。

[94] 朱

朱貝 あけがい
二枚貝綱マルスダレガイ目マルスダレガイ科の二枚貝。殻長8cm,殻高5cm。〔分布〕北海道南西部から九州。水深10〜50mの砂底に生息。

[95] 杜

杜夫魚 とふぎょ, かくぶつ
〔季語〕冬。福井県九頭龍川に産するカジカの一種で、小魚で色は暗灰色。

杜父魚 かくぶつ
〔季語〕冬。福井県九頭龍川に産するカジカの一種で、小魚で色は暗灰色。

杜父魚 かじか
カサゴ目カジカ亜目カジカ科カジカ属の魚。全長10cm。〔分布〕本州、四国、九州北西部。河川上流の石礫底に生息。準絶滅危惧類。

毛虫杜父魚 けむしかじか
カサゴ目カジカ亜目ケムシカジカ科ケムシカジカ属の魚。全長30cm。〔分布〕東北地方・石川県以北〜ベーリング海。やや深海域、但し冬の産卵期は浅海域に生息。

氷杜父魚 こおりかじか
カサゴ目カジカ亜目カジカ科コオリカジカ属の魚。体長18cm。〔分布〕岩手県・島根県以北〜オホーツク海。水深100〜300mの砂泥底に生息。

棘杜父魚 とげかじか
硬骨魚綱カサゴ目カジカ亜目カジカ科ギスカジカ属の魚。体長50cm。〔分布〕岩手県・新潟県以北〜日本海北部・アラスカ湾。沖合のやや深み、産卵期には沿岸浅所に生息。

鳥杜父魚 とりかじか
カサゴ目カジカ亜目トリカジカ科トリカジカ属の魚。全長30cm。〔分布〕相模湾〜高知沖。水深500mの砂泥底に生息。

花杜父魚 はなかじか
硬骨魚綱カサゴ目カジカ亜目カジカ科カジカ属の魚。全長12cm。〔分布〕北海道および岩手県。河川上・中流域に生息。

焼尻杜父魚 やぎしりかじか
硬骨魚綱カサゴ目カジカ亜目ウラナイカジカ科ヤギシリカジカ

属の魚。体長32cm。〔分布〕北海道周辺～日本海北部、ベーリング海。水深130mに生息。

横条杜父魚　よこすじかじか
硬骨魚綱カサゴ目カジカ亜目カジカ科ヨコスジカジカ属の魚。全長21cm。〔分布〕函館以北、ベーリング海西部。トロール操業海域に生息。

[18]
杜鵑貝　ほととぎすがい
二枚貝綱イガイ目イガイ科の二枚貝。殻長2.2cm、殻幅7mm。〔分布〕北海道南部から九州、東南アジア。内湾の潮間帯から水深10mまでの泥底に生息。

〔96〕枝

[5]
枝石蚕　えだみどりいし
刺胞動物門花虫綱六放サンゴ亜綱イシサンゴ目ミドリイシ科ミドリイシ属のサンゴ。〔分布〕土佐清水、串本、白浜、館山。

〔97〕松

[11]
松毬魚　まつかさうお
硬骨魚綱キンメダイ目マツカサウオ科マツカサウオ属の魚。全長10cm。〔分布〕南日本、インド洋、西オーストラリア。沿岸浅海の岩礁棚付近に生息。

松魚　かつお
〔季語〕夏。鰹の別称。

〔98〕東

[12]
東雲坂田鮫　しののめさかたざめ
エイ目トンガリサカタザメ亜目トンガリサカタザメ科シノノメサカタザメ属の魚。全長130cm。〔分布〕南日本～インド洋。

〔99〕板

[9]
板海鞘　いたぼや
脊索動物門ホヤ綱マボヤ目イタボヤ科の群体ボヤ。厚さ4mm以下。〔分布〕日本各地、朝鮮半島および中国膠州湾。

[20]
板鰓類　ばんさんるい
軟骨魚綱板鰓亜綱に属する魚類の総称。

〔100〕杼

[7]
杼貝　ひがい
腹足綱ウミウサギガイ科の巻貝。殻長8.5cm。〔分布〕銚子、相模湾～南西日本。

〔101〕栄

[17]
栄螺　さざえ
腹足綱リュウテンサザエ科の巻貝。殻高12cm。〔分布〕北海道南部～九州、朝鮮半島。潮間帯下部～水深20mに生息。〔季語〕春。
鬼栄螺　おにさざえ
栄螺子　さざえ
〔季語〕春。
朝鮮栄螺　ちょうせんさざえ

木部（枯, 柔, 柊, 柳, 枷, 梶, 梯, 棘）

針栄螺　はりさざえ
平栄螺　ひらさざえ
竜天栄螺　りゅうてんさざえ

栄螺子　さざえ
〔季語〕春。リュウテン科の巻貝。壷焼などにして美味。

〔102〕枯

[17] 枯檜葉　かれひば
刺胞動物門軟クラゲ目ウミシバ科の海産動物。高さ8cm。〔分布〕北海道。

〔103〕柔

[19] 柔蟹　やわらがに
軟甲綱十脚目短尾亜目ヤワラガニ科ヤワラガニ属のカニ。

〔104〕柊

柊　ひいらぎ
硬骨魚綱スズキ目スズキ亜目アジ科ヒイラギ属の魚。発光器をもつことでよく知られている。全長5cm。〔分布〕琉球列島を除く南日本、台湾、中国沿岸。沿岸浅所〜河川汽水域に生息。

〔105〕柳

[12] 柳葉魚　ししゃも
サケ目キュウリウオ科シシャモ属の魚。全長12cm。〔分布〕北海道の太平洋岸。海域沿岸部の水深20〜30m付近に生息。〔季語〕冬。
樺太柳葉魚　からふとしゃも

柳葉魚　やなぎもろこ
〔季語〕春。モロコの一種。

〔106〕枷

[11] 枷蚯蚓　かせみみず
無板綱溝腹亜綱サンゴノホソヒモ科の軟体動物。ミミズのような形をしている。体長30cm。〔分布〕房総半島、紀伊半島、天草、野母。

〔107〕梶

[4] 梶木　かじき
硬骨魚綱スズキ目マカジキ科とメカジキ科に属する海水魚の総称。
黒梶木　くろかじき
白梶木　しろかじき
西黒梶木　にしくろかじき
西真梶木　にしまかじき
芭蕉梶木　ばしょうかじき
風来梶木　ふうらいかじき
真梶木　まかじき
女梶木　めかじき
目梶木　めかじき

〔108〕梯

[6] 梯羽太　かけはしはた
スズキ目スズキ亜目ハタ科マハタ属の魚。全長50cm。〔分布〕南日本、インド・西太平洋域。沿岸深所の岩礁域に生息。

〔109〕棘

[9] 棘海楊　とげやぎ
刺胞動物門花虫綱八放サンゴ亜綱ヤギ目全軸亜目トゲヤギ科に属す

木部（楚,槍,榧,権,橙）止部（武）

る海産動物の総称、およびそのなかの一種。

[12] 棘達磨　とげだるまがれい
硬骨魚綱カレイ目ダルマガレイ科ホシダルマガレイ属の魚。全長20cm。〔分布〕和歌山県以南〜インド洋、太平洋、紅海。サンゴ礁域のタイドプールに生息。

〔110〕楚

[19] 楚蟹　ずわいがに
軟甲綱十脚目短尾亜目クモガニ科ズワイガニ属のカニ。水産上の重要種。
大楚蟹　おおずわいがに
紅楚蟹　べにずわいがに

〔111〕槍

[11] 槍粘　やりぬめり
硬骨魚綱スズキ目ネズッポ亜目ネズッポ科ネズッポ属の魚。オス体長13cm、メス体長11cm。〔分布〕函館以南の日本各地の沿岸、東シナ海。水深30〜80mの砂泥底に生息。

〔112〕榧

榧　かや
刺胞動物門ヒドロ虫綱のうちの有鞘類で、ハネガヤ科、シロガヤ科などに属する海産動物の総称。
煙管榧　きせるがや

〔113〕権

[7] 権兵衛　ごんべ
硬骨魚綱スズキ目ゴンベ科の海水魚の総称。

[13] 権瑞　ごんずい
ナマズ目ゴンズイ科ゴンズイ属の魚。全長12cm。〔分布〕本州中部以南。沿岸の岩礁域に生息。

〔114〕橙

[12] 橙葦登　とうよしのぼり
硬骨魚綱スズキ目ハゼ亜目ハゼ科ヨシノボリ属の魚。全長7cm。〔分布〕北海道〜九州、朝鮮半島。湖沼陸封または両側回遊性で止水域や河川下流域に生息。

[17] 橙磯海綿　だいだいいそかいめん
海綿動物門磯海綿目イソカイメン科の海産動物。赤橙で海岸の岩に不規則な殻層状に付着する。〔分布〕日本各地の沿岸。

部首4画《止部》

〔115〕武

[19] 武鯛　ぶだい
硬骨魚綱スズキ目ベラ亜目ブダイ科ブダイ属の魚。全長40cm。〔分布〕南日本、小笠原。藻場・礫域に生息。
青武鯛　あおぶだい

22　難読/誤読 魚介類漢字よみかた辞典

止部（歩，歯）比部（比）毛部（毛，毬）

一文字武鯛　いちもんじぶだい
大紋禿武鯛　おおもんはげぶだい
帯武鯛　おびぶだい
冠武鯛　かんむりぶだい
黄鰭武鯛　きびれぶだい
白帯武鯛　しろおびぶだい
筋武鯛　すじぶだい
長武鯛　ながぶだい
南洋武鯛　なんようぶだい
火武鯛　ひぶだい
緋武鯛　ひぶだい
斑武鯛　ぶちぶだい

[116] 歩

歩苔虫[8]
あゆみこけむし
触手動物門苔虫綱掩喉目アユミコケムシ科の淡水産小動物。

[117] 歯

歯黒遍羅[11]
おはぐろべら
スズキ目ベラ亜目ベラ科オハグロベラ属の魚。全長17cm。〔分布〕千葉県、新潟県以南（琉球列島を除く）、台湾、南シナ海。藻場・岩礁域に生息。

部首4画《比部》

[118] 比

比女[3]　ひめ
硬骨魚綱ヒメ目エソ亜目ヒメ科ヒメ属の魚。全長15cm。〔分布〕日本各地、フィリピン。水深100～200mに生息。

比丘尼[5]　びくにん
硬骨魚綱カサゴ目カジカ亜目クサウオ科クサウオ属の魚。体長16cm。〔分布〕島根県・茨城県～北海道沿岸、朝鮮半島東岸、ピーター大帝湾、樺太西岸、亜庭湾、南千島海峡。水深0～272mに生息。

比目魚　ひらめ
〔季語〕冬。ヒラメ科の海魚で、冬が旬。

比売知[7]　ひめじ
スズキ目ヒメジ科ヒメジ属の魚。〔分布〕日本各地、インド・西太平洋域。沿岸の砂泥底に生息。
赤比売知　あかひめじ
翁比売知　おきなひめじ

部首4画《毛部》

[119] 毛

毛膚石鼈貝[15]
けはだひざらがい
多板綱新ヒザラガイ目ケハダヒザラガイ科の軟体動物。背面に刺毛の束が並ぶ。体長6cm。〔分布〕房総半島以南、九州まで。潮間帯の砂の上の転石下に生息。

[120] 毬

毬海鞘[9]　いがぼや
脊索動物門ホヤ綱マボヤ目マボヤ

科の単体ホヤ。体長100mm。〔分布〕南西諸島を除く日本各地、オーストラリアや北米西岸。

部首4画《水部》

〔121〕水

水母　くらげ

刺胞動物門および有櫛動物のうち、浮遊生活をしている世代のものの総称。〔季語〕夏。腔腸動物の自由遊泳体。半透明で、食用になるものもある。

相生水母　あいおいくらげ
赤水母　あかくらげ
朝顔水母　あさがおくらげ
天草水母　あまくさくらげ
　〔季語〕夏。
行灯水母　あんどんくらげ
市女笠水母　いちめがさくらげ
疣水母　いぼくらげ
　〔季語〕夏。
浦島水母　うらしまくらげ
瓜水母　うりくらげ
枝足水母　えだあしくらげ
枝管水母　えだくだくらげ
枝水母　えだくらげ
越前水母　えちぜんくらげ
蝦水母　えびくらげ
烏帽子水母　えぼしくらげ
沖水母　おきくらげ
帯水母　おびくらげ
お椀水母　おわんくらげ
鉤手水母　かぎのてくらげ
片足水母　かたあしくらげ
兜水母　かぶとくらげ

髪水母　かみくらげ
唐傘水母　からかさくらげ
冠水母　かんむりくらげ
銀貨水母　ぎんかくらげ
櫛水母　くしくらげ
管水母　くだくらげ
水母蛸　くらげだこ
　頭足綱八腕形目クラゲダコ科の軟体動物。外套長35cm前後。〔分布〕本邦太平洋側。暖海域の中層に生息。
琴水母　ことくらげ
子持水母　こもちくらげ
佐々木水母　ささきくらげ
皿水母　さらくらげ
十文字水母　じゅうもんじくらげ
象水母　ぞうくらげ
蛸水母　たこくらげ
鼓水母　つづみくらげ
角水母　つのくらげ
釣鐘水母　つりがねくらげ
軒忍水母　のきしのぶくらげ
梯子水母　はしごくらげ
鉢水母　はちくらげ
馬蹄水母　ばていくらげ
花笠水母　はながさくらげ
馬簾水母　ばれんくらげ
火水母　ひくらげ
　〔季語〕夏。半球形に近い傘があり、その下に多数の触手をもつクラゲの一種。
備前水母　びぜんくらげ
一水母　ひとつくらげ
日の丸水母　ひのまるくらげ
風船水母　ふうせんくらげ
二つ水母　ふたつくらげ
紅水母　べにくらげ
真水水母　まみずくらげ

水水母　みずくらげ
紫水母　むらさきくらげ
〔季語〕夏。半球形に近い傘があり、その下に多数の触手をもつクラゲの一種。
幽霊水母　ゆうれいくらげ
瓔珞水母　ようらくくらげ

⁶水字貝　すいじがい
腹足綱ソデボラ科の巻貝。殻長24cm。〔分布〕紀伊半島以南、熱帯インド・西太平洋域。サンゴ礁,岩礁の砂底に生息。

⁸水松喰　みるくい
二枚貝綱マルスダレガイ目バカガイ科の二枚貝。殻長14cm,殻高9cm。〔分布〕北海道から九州、朝鮮半島。潮間帯下部～水深20mの泥底に生息。

¹⁰水針魚　さより
〔季語〕春。サヨリ科に属する海魚。吸い物やさしみとして美味。

¹¹水細螺　にほんみずしただみ
腹足綱中腹足目ミズシタダミ科の巻貝。

水魚　みずうお
硬骨魚綱ヒメ目ミズウオ亜目ミズウオ科ミズウオ属の魚。全長100cm。〔分布〕北海道南岸～南日本、北太平洋、インド洋、大西洋、地中海。水深945～1400mに生息。

¹⁶水螅　ひどら
刺胞動物門ヒドロ虫綱ヒドロイド目ヒドラ科に属する淡水産の小動物。
枝海水螅　えだうみひどら
枝水螅　えだひどら
大海水螅　おおうみひどら
大玉海水螅　おおたまうみひどら
貝海水螅　かいうみひどら
貝宿水螅　かいやどりひどら
籠目海水螅　かごめうみひどら
魚海水螅　さかなうみひどら
千成海水螅　せんなりうみひどら
球海水螅　たまうみひどら
人形水螅　にんぎょうひどら
羽海水螅　はねうみひどら
蛭蓆水螅　ひるむしろひどら
深浦水螅　ふかうらひどら

〔122〕氷

³氷下魚　こまい
タラ目タラ科コマイ属の魚。全長30cm。〔分布〕北海道周辺、黄海、オホーツク海、ベーリング海、北太平洋。大陸棚浅海域に生息。〔季語〕冬。

¹¹氷魚　こまい，ひお
タラ目タラ科コマイ属の魚。全長30cm。〔分布〕北海道周辺、黄海、オホーツク海、ベーリング海、北太平洋。大陸棚浅海域に生息。〔季語〕冬。琵琶湖を中心に宇治川、田上川などに産する無色透明の小鮎。
鰐口氷魚　わにぐちこおりうお

水部（江, 沖, 求, 沙）

[123] 江

江鮭　あめのうお
〔季語〕秋。琵琶湖産のビワマスの成魚。

[124] 沖

沖巨頭　おきごんどう
哺乳綱クジラ目マイルカ科のハクジラ。体長4.3〜6m。〔分布〕主に熱帯、亜熱帯ならびに暖温帯域沖合いの深い海域。

[125] 求

求仙　きゅうせん
スズキ目ベラ亜目ベラ科キュウセン属の魚。雄はアオベラ、雌はアカベラともよばれる。全長20cm。〔分布〕佐渡・函館以南（沖縄県を除く）、朝鮮半島、シナ海。砂礫域に生息。

[126] 沙

沙蚕　ごかい
環形動物門サシバゴカイ目ゴカイ科の水生動物。体長5〜15cm。〔分布〕日本各地、中国。

磯沙蚕　いそごかい
渦巻沙蚕　うずまきごかい
団扇沙蚕　うちわごかい
泳沙蚕　およぎごかい
重簪沙蚕　かさねかんざしごかい
簪沙蚕　かんざしごかい
冠沙蚕　かんむりごかい
巣沙蚕磯目　すごかいいそめ
玉敷沙蚕　たましきごかい
達磨沙蚕　だるまごかい
翼沙蚕　つばさごかい
一重簪沙蚕　ひとえかんざし
房沙蚕　ふさごかい
普通沙蚕　ふつうごかい
水引沙蚕　みずひきごかい
昔沙蚕　むかしごかい

沙魚　はぜ
スズキ目ハゼ科とカワアナゴ科に属する魚の総称。〔季語〕秋。

顎沙魚　あごはぜ
阿部沙魚　あべはぜ
井戸蚯蚓沙魚　いどみみずはぜ
洞沙魚　うろはぜ
　スズキ目ハゼ亜目ハゼ科ウロハゼ属の魚。全長10cm。〔分布〕新潟県・茨城県〜九州、種子島、中国、台湾。汽水域に生息。
雲沙魚　くもはぜ
胡麻沙魚　ごまはぜ
鍾馗沙魚　しょうきはぜ
跳沙魚　とびはぜ
飛沙魚　とびはぜ
錦沙魚　にしきはぜ
沙魚口　はぜくち
　硬骨魚綱スズキ目ハゼ亜目ハゼ科マハゼ属の魚。全長20〜40cm。〔分布〕有明海、八代海、朝鮮半島、中国、台湾。内湾の砂泥底に生息。
姫沙魚　ひめはぜ
坊主沙魚　ぼうずはぜ
真沙魚　まはぜ
蚯蚓沙魚　みみずはぜ

[127] 河

河巨頭　かわごんどう
哺乳綱クジラ目カワゴンドウ科の小形ハクジラ。体長2.1～2.6m。〔分布〕ベンガル湾からオーストラリア北部の暖かい沿岸海域や河川。

河骨貝　こうぼねがい
二枚貝綱マルスダレガイ目コウボネガイ科の二枚貝。殻長3.1cm, 殻高2.2cm。〔分布〕相模湾以南、九州、中国沿岸。水深110～190mの泥底に生息。

河豚　ふぐ
フグ目の魚のうちおもにマフグ科に属する種類の総称。フグ科の魚の総称で美味だが肝臓と卵巣に猛毒を含んでいる。〔季語〕冬。

赤目河豚　あかめふぐ
石垣河豚　いしがきふぐ
糸巻河豚　いとまきふぐ
　〔季語〕冬。堅い箱型の大きい鱗に被われたもので、多少河豚類から離れている。
団扇河豚　うちわふぐ
沖縄河豚　おきなわふぐ
加奈河豚　かなふぐ
銀河豚　ぎんふぐ
楔河豚　くさびふぐ
草河豚　くさふぐ
胡麻河豚　ごまふぐ
小紋河豚　こもんふぐ
漣河豚　さざなみふぐ
鯖河豚　さばふぐ
七宝河豚　しっぽうふぐ
縞河豚　しまふぐ
潮際河豚　しょうさいふぐ
潮前河豚　しょうさいふぐ
白鯖河豚　しろさばふぐ
筋模様河豚　すじもようふぐ
仙人河豚　せんにんふぐ
毒鯖河豚　どくさばふぐ
虎河豚　とらふぐ
　〔季語〕冬。マフグ科の海魚で表皮にトラのような黒い斑紋をもつ。
梨河豚　なしふぐ
菜種河豚　なたねふぐ
　〔季語〕春。菜種の花が咲くころとれるフグ。毒がもっとも強いとされる。
滑河豚　なめらふぐ
　〔季語〕冬。
箱河豚　はこふぐ
　〔季語〕冬。ハコフグ科の海魚。箱形でカメの甲形の模様がある。
浜河豚　はまふぐ
彼岸河豚　ひがんふぐ
星河豚　ほしふぐ
真河豚　まふぐ
　硬骨魚綱フグ目フグ亜目フグ科トラフグ属の魚。体長40cm。〔分布〕サハリン以南の日本海、北海道以南の太平洋岸、黄海～東シナ海。
目河豚　めふぐ
模様河豚　もようふぐ
輪紋河豚　わもんふぐ

河鹿　かじか
カサゴ目カジカ亜目カジカ科カジカ属の魚。全長10cm。〔分布〕本州、四国、九州北西部。河川上流の石礫底に生息。準絶滅危惧類。〔季語〕夏。本州・四国・九州の山間の渓流にすみ美しく鳴くカエル。

[128] 沼

沼田鰻　ぬたうなぎ
無顎綱ヌタウナギ目ヌタウナギ科ヌタウナギ属の魚。オス全長55cm、メス全長60cm。〔分布〕本州中部以南、朝鮮半島南部。浅海に生息。

沼鰈　とうがれい
硬骨魚綱カレイ目カレイ科ツノガレイ属の魚。体長50cm。〔分布〕北海道東北岸～オホーツク海南部、日本海北部～タタール海峡。沿岸浅海域～汽水域に生息。

沼鰈　ぬまがれい
硬骨魚綱カレイ目カレイ科ヌマガレイ属の魚。体長40cm。〔分布〕霞ヶ浦・福井県小浜以北～北米南カリフォルニア岸、朝鮮半島、沿海州。浅海域～汽水・淡水域に生息。

[129] 泥

泥溝貝　どぶがい
二枚貝綱イシガイ目イシガイ科の二枚貝。

泥障烏賊　あおりいか
頭足綱ツツイカ目ジンドウイカ科のイカ。外套長45cm。〔分布〕北海道南部以南、インド・西太平洋。温・熱帯沿岸から近海域に生息。

泥鰌　どじょう
硬骨魚綱コイ目ドジョウ科ドジョウ属の魚。全長10cm。〔分布〕北海道～琉球列島、アムール川～北ベトナム、朝鮮半島、サハリン、台湾、海南島、ビルマのイラワジ川。平野部の浅い池沼、田の小溝、流れのない用水の泥底または砂泥底の中に生息。

縞泥鰌　しまどじょう
〔季語〕夏。からだに黒の縞の入った観賞用のどじょう。

筋縞泥鰌　すじしまどじょう
台湾泥鰌　たいわんどじょう
福泥鰌　ふくどじょう
仏泥鰌　ほとけどじょう

[130] 波

波多波多　はたはた
硬骨魚綱スズキ目ワニギス亜目ハタハタ科ハタハタ属の魚。全長12cm。〔分布〕日本海沿岸・北日本、カムチャッカ、アラスカ。水深100～400mの大陸棚砂泥底、産卵期は浅瀬の藻場に生息。

波間柏　なみまがしわ
二枚貝綱カキ目ナミマガシワ科の二枚貝。殻長4cm。〔分布〕北海道南部以南の西太平洋。水深20m以浅の岩礫底に生息。

[131] 油

油魚　あぶらめ
〔季語〕夏。サンショウウオ科の動物。

[132] 海

海仙人掌　うみさぼてん
刺胞動物門ウミエラ目ウミサボテ

水部（海）

ン科の海産動物。群体10〜50cm。〔分布〕石狩湾および噴火湾以南とインド-西太平洋の暖海域。

[7] 海花石　きくめいし
刺胞動物門花虫綱六放サンゴ亜綱イシサンゴ目キクメイシ科キクメイシ属のサンゴ。〔分布〕フィリピン、八重山諸島、沖縄諸島、奄美諸島、種子島、土佐清水、天草、串本、白浜、伊豆半島、館山。

[8] 海松貝　みるがい
〔季語〕冬、春。本州・九州の海の浅い泥中に棲む長楕円形の厚い二枚貝。

海松食, 海松喰　みるくい
二枚貝綱マルスダレガイ目バカガイ科の二枚貝。殻長14cm, 殻高9cm。〔分布〕北海道から九州、朝鮮半島。潮間帯下部〜水深20mの泥底に生息。〔季語〕春。バカガイ科の大型の二枚貝。

[9] 海星　ひとで
棘皮動物門ヒトデ綱キヒトデ目キヒトデ科の水生動物。幅長200mm。〔分布〕北海道から九州。また、棘皮動物門ヒトデ綱に属する海産動物の総称。
青海星　あおひとで
赤蜘蛛海星　あかくもひとで
赤海星　あかひとで
糸巻海星　いとまきひとで
蝦夷海星　えぞひとで
鬼海星　おにひとで
蜘蛛海星　くもひとで
瘤海星　こぶひとで
砂海星　すなひとで
蛸海星　たこひとで
日輪海星　にちりんひとで
姫海星　ひめひとで
饅頭海星　まんじゅうひとで
八手海星　やつでひとで

海胆　うに
棘皮動物門ウニ綱に属する動物の総称。幼生時はエキノプルテウスと呼ばれる。〔季語〕春。
赤海胆　あかうに
蝦夷馬糞海胆　えぞばふんうに
北紫海胆　きたむらさきうに
黒海胆　くろうに
腰高海胆　こしだかうに
山椒海胆　さんしょううに
白鬚海胆　しらひげうに
陣笠海胆　じんがさうに
卵海胆　たまごうに
津軽海胆　つがるうに
団栗海胆　どんぐりうに
長海胆　ながうに
鋸海胆　のこぎりうに
馬糞海胆　ばふんうに
袋海胆　ふくろうに
豆海胆　まめうに
饅頭海胆　まんじゅううに
紫海胆　むらさきうに
喇叭海胆　らっぱうに

[10] 海栗　うに
棘皮動物門ウニ綱に属する動物の総称。幼生時はエキノプルテウスと呼ばれる。〔季語〕春。

海馬　たつのおとしご

硬骨魚綱トゲウオ目ヨウジウオ亜目ヨウジウオ科タツノオトシゴ属の魚。全長8cm。〔分布〕北海道〜九州、朝鮮半島南部。沿岸浅所の藻場に生息。

[11] 海鰶　いせごい

カライワシ目イセゴイ科イセゴイ属の魚。全長12cm。〔分布〕新潟県佐渡島以南の日本海沿岸、東京湾、伊豆半島、浜名湖、琉球列島、インド・西部太平洋の暖海域。暖海沿岸性の表層魚、幼魚は汽水域や淡水域に侵入。

海豚　いるか

〔季語〕冬。クジラ類のうち、歯があって体長が五メートル以下の小型の種類。

安良里海豚　あらりいるか
哺乳綱クジラ目マイルカ科のハクジラ。

色分海豚　いろわけいるか
鎌海豚　かまいるか
小人海豚　こびといるか
白海豚　しろいるか
皺歯海豚　しわはいるか
背張海豚　せっぱりいるか
背美海豚　せみいるか
鼠海豚　ねずみいるか
嘴長海豚　はしながいるか
半道海豚　はんどういるか
真海豚　まいるか
哺乳綱クジラ目マイルカ科のハクジラ。体長1.7〜2.4m。〔分布〕世界中の暖温帯、亜熱帯ならびに熱帯海域。〔季語〕冬。

斑海豚　まだらいるか
揚子江河海豚　ようすこうかわいるか
哺乳綱クジラ目カワイルカ科のハクジラ。体長1.4〜2.5m。〔分布〕中国の揚子江の三峡から河口まで。絶滅の危機に瀕している。

陸前海豚　りくぜんいるか

[13] 海楊　やぎ

刺胞動物門花虫綱中、特に強靱な共肉をもった1群の総称。

赤海楊　あかやぎ
疣海楊　いぼやぎ
棘海楊　とげやぎ
花海楊　はなやぎ
鞭海楊　むちやぎ

海鼠　なまこ

棘皮動物門ナマコ綱に属する動物の総称。幼生時はアウウラリア幼生と呼ばれる。〔季語〕冬。

赤海鼠　あかこ
〔季語〕冬。
錨海鼠　いかりなまこ
大錨海鼠　おおいかりなまこ
沖海鼠　おきなまこ
金海鼠　きんこ
車海鼠　くるまなまこ
黒海鼠　くろこ
〔季語〕冬。
黒海鼠　くろなまこ
蛇目海鼠　じゃのめなまこ
白海鼠　しろなまこ
虎海鼠　とらこ
〔季語〕冬。
虎斑海鼠　とらふなまこ
生海鼠　なまこ
〔季語〕冬。
梅花海鼠　ばいかなまこ

水部（浅,津,洞）

老海鼠　ほや
　〔季語〕夏。
真海鼠　まなまこ
紫車海鼠　むらさきくるまなまこ
夢海鼠　ゆめなまこ

[16]海鞘　ほや
原索動物門尾索亜門に属する動物の総称。〔季語〕夏。原索動物の海鞘目に属する海産動物。全身が皮状の厚い外皮でおおわれ、イボ状の突起がある。

赤海鞘　あかぼや
毬海鞘　いがぼや
板海鞘　いたぼや
柄海鞘　えぼや
烏海鞘　からすほや
　〔季語〕夏。ホヤの一種。
菊板海鞘　きくいたぼや
黒海鞘　くろぼや
賽槌海鞘　さいづちぼや
白海鞘　しろほや
　〔季語〕夏。
酢海鞘　すぼや
光海鞘　ひかりぼや
変化海鞘　へんげぼや
真海鞘　まぼや
饅頭海鞘　まんじゅうぼや
幽霊海鞘　ゆうれいぼや

[19]海鶏冠　うみとさか
刺胞動物門花虫綱八放サンゴ亜綱ウミトサカ目の海産動物の総称。

海鶏頭　うみとさか
刺胞動物門花虫綱八放サンゴ亜綱ウミトサカ目の海産動物の総称。

[22]海鰻　あなご
　〔季語〕夏。穴子の別称。

海鰻鱺　はも
　〔季語〕夏。鱧の別称。

〔133〕浅

[13]浅蜊　あさり
二枚貝綱マルスダレガイ目マルスダレガイ科の二枚貝。潮干狩りでもっともふつうにとれる。殻長4cm、殻高2.7cm。〔分布〕サハリン、北海道から九州、朝鮮半島、中国大陸沿岸。潮間帯中部から水深10mの砂礫泥底に生息。〔季語〕春。

〔134〕津

[8]津免田貝　つめたがい
腹足綱タマガイ科の巻貝。殻長5cm。〔分布〕北海道南部以南、インド・西太平洋。潮間帯〜水深50mの細砂底に生息。

津免多貝　つめたがい
腹足綱タマガイ科の巻貝。殻長5cm。〔分布〕北海道南部以南、インド・西太平洋。潮間帯〜水深50mの細砂底に生息。

〔135〕洞

[7]洞沙魚　うろはぜ
スズキ目ハゼ亜目ハゼ科ウロハゼ属の魚。全長10cm。〔分布〕新潟県・茨城県〜九州、種子島、中国、台湾。汽水域に生息。

洞鯊 うろはぜ [18]

スズキ目ハゼ亜目ハゼ科ウロハゼ属の魚。全長10cm。〔分布〕新潟県・茨城県〜九州、種子島、中国、台湾。汽水域に生息。

〔136〕淡

淡菜貝 いがい [11]

二枚貝綱イガイ科の二枚貝。外洋に面した岩磯に群がってつく黒色の貝。殻長15cm、殻幅6cm。〔分布〕北海道〜九州。潮間帯から水深20mの岩礁に生息。

〔137〕湖

湖招 うしおまねき [8]

〔季語〕春。海辺の砂地のスナガニ科の小さい蟹。はさみを上下に動かす姿が潮を招くように見えることから、この名がある。

〔138〕満

満方魚 まんぼう [4]

硬骨魚綱フグ目フグ亜目マンボウ科マンボウ属の魚。全長50cm。〔分布〕北海道以南〜世界中の温帯・熱帯海域。外洋の主に表層に生息。

〔139〕滑

滑々珊瑚宿借 すべすべさんごやどかり

節足動物門軟甲綱十脚目ヤドカリ科サンゴヤドカリ属の甲殻類。甲長15mm。

滑多鰈 なめたがれい [6]

硬骨魚綱カレイ目カレイ科に属するババガレイおよびヒレグロの別名。

滑鯒 ぬめりごち [18]

硬骨魚綱スズキ目ネズッポ亜目ネズッポ科ネズッポ属の魚。体長16cm。〔分布〕秋田〜長崎、福島〜高知、朝鮮半島南岸。外洋性沿岸のやや沖合の砂泥底に生息。

滑騙 なめらだまし [19]

硬骨魚綱フグ目フグ亜目フグ科トラフグ属の魚。体長35cm。〔分布〕黄海、東シナ海北部。

〔140〕溝

溝糟倍 どぶかすべ [17]

軟骨魚綱カンギエイ目エイ亜目ガンギエイ科ソコガンギエイ属の魚。体長1m。〔分布〕日本海北部、オホーツク海〜ベーリング海西部。水深100〜950mに生息。

〔141〕潤

潤目鰛 うるめいわし [5]

ニシン目ニシン科ウルメイワシ属の魚。体長30cm。〔分布〕本州以南、オーストラリア南岸、紅海、アフリカ東岸、地中海東端、北米大西洋岸、南米ベネズエラ・ギアナ岸、カリフォルニア岸、ペルー、ガラパゴス、ハワイ。主に沿岸に生息。

潤目鰯 うるめいわし

ニシン目ニシン科ウルメイワシ属の魚。体長30cm。〔分布〕本州以

南、オーストラリア南岸、紅海、アフリカ東岸、地中海東端、北米大西洋岸、南米ベネズエラ・ギアナ岸、カリフォルニア岸、ペルー、ガラパゴス、ハワイ。主に沿岸に生息。〔季語〕冬。

〔142〕潮

潮招　しおまねき[8]
節足動物門軟甲綱十脚目スナガニ科シオマネキ属のカニ。雄のいずれか片方のはさみ脚が異常に大きい。

潮前河豚　しょうさいふぐ[9]
フグ目フグ亜目フグ科トラフグ属の魚。体長35cm。〔分布〕東北以南の各地、黄海〜南シナ海。

潮際河豚　しょうさいふぐ[14]
フグ目フグ亜目フグ科トラフグ属の魚。体長35cm。〔分布〕東北以南の各地、黄海〜南シナ海。

部首4画《火部》

〔143〕火

火魚　かながしら[11]
カサゴ目カサゴ亜目ホウボウ科カナガシラ属の魚。体長30cm。〔分布〕北海道南部以南、東シナ海、黄海〜南シナ海。水深40〜340mに生息。

火魚　ひうお
〔季語〕冬。中部以南の海にすむホウボウ科の魚で、胸ビレが大きくないもの。

〔144〕灸

灸羽太　やいとはた[6]
硬骨魚綱スズキ目スズキ亜目ハタ科マハタ属の魚。全長60cm。〔分布〕和歌山県以南、インド・太平洋域。内湾浅所の岩礁域に生息。

〔145〕炭

炭食魚,炭喰魚　すみくいうお[9]
スズキ目スズキ亜目ホタルジャコ科スミクイウオ属の魚。体長15cm。〔分布〕北海道以南の日本各地、西太平洋、ハワイ諸島、オーストラリア、インド洋、南アフリカ。水深100〜800mの大陸棚や海山の斜面に生息。

〔146〕烏

烏賊　いか[13]
軟体動物門頭足綱のうちコウイカ目およびツツイカ目に属する動物の総称。〔季語〕夏。

障泥烏賊　あおりいか
泥障烏賊　あおりいか
赤烏賊　あかいか
雷烏賊　かみなりいか
剣先烏賊　けんさきいか
甲烏賊　こういか
　〔季語〕春。
桜烏賊　さくらいか
　〔季語〕春。

獅子烏賊　ししいか
尻焼烏賊　しりやけいか
陣胴烏賊　じんどういか
筋甲烏賊　すじこういか
墨烏賊　すみいか
鯣烏賊　するめいか
袖烏賊　そでいか
大王烏賊　だいおういか
蛸烏賊　たこいか
爪烏賊　つめいか
飛烏賊　とびいか
虎斑甲烏賊　とらふこういか
入道烏賊　にゅうどういか
花烏賊　はないか
　〔季語〕春。
姫烏賊　ひめいか
姫甲烏賊　ひめこういか
平剣先烏賊　ひらけんさきいか
葡萄烏賊　ぶどういか
蛍烏賊　ほたるいか
　頭足綱ツツイカ目ホタルイカモドキ科のイカ。外套長7cm。〔分布〕日本海全域と本州〜四国太平洋沖。〔季語〕春。
真烏賊　まいか
　〔季語〕春、夏。シリヤケイカの別称。
松烏賊　まついか
　もともとスルメイカの関西方面の俗称だが、近年ではカナダイレックスやニュージーランドスルメイカなどの市場名にも使われる。
三崎甲烏賊　みさきこういか
耳烏賊　みみいか
紋甲烏賊　もんごういか
槍烏賊　やりいか
幽霊烏賊　ゆうれいいか

欧羅巴甲烏賊　よーろっぱこういか
欧羅巴姫甲烏賊　よーろっぱひめこういか

〔147〕焼

焼尻杜父魚　やぎしりかじか

硬骨魚綱カサゴ目カジカ亜目ウラナイカジカ科ヤギシリカジカ属の魚。体長32cm。〔分布〕北海道周辺〜日本海北部、ベーリング海。水深130mに生息。

〔148〕熊

熊笹花鱸　くまささはなむろ

スズキ目スズキ亜目タカサゴ科クマササハナムロ属の魚。全長20cm。〔分布〕小笠原、南日本〜インド・西太平洋。岩礁域に生息。

熊猿頬　くまさるぼう

二枚貝綱フネガイ科の二枚貝。殻長8cm、殻高7cm。〔分布〕瀬戸内海、有明海、大村湾。水深5〜20mの泥底に生息。

〔149〕燕

燕魚　つばめうお

硬骨魚綱スズキ目ニザダイ亜目マンジュウダイ科ツバメウオ属の魚。全長35cm。〔分布〕釧路以南、インド・西太平洋域、紅海。沿岸域に生息。

牛部(牡,物) 犬部(狗,狭,猿)

燕鱝[24] つばくろえい
軟骨魚綱カンギエイ目エイ亜目ツバクロエイ科ツバオクロエイ属の魚。全長60cm。〔分布〕本州中部以南〜シナ海。砂泥底上に生息。

部首4画 《牛部》

[150] 牡

牡蠣[20] かき
イタボガキ科に属する二枚貝類の総称。〔季語〕冬。カキ科に属する二枚貝で、九月〜四月が旬。
板圍牡蠣　いたぼがき
板甫牡蠣　いたぼがき
岩牡蠣　いわがき
御歯黒牡蠣　おはぐろがき
毛牡蠣　けがき
苔衣牡蠣　こけごろもがき
住ノ江牡蠣　すみのえがき
筒牡蠣　つつがき
真牡蠣　まがき

[151] 物

物洗貝[9] ものあらがい
腹足綱有肺目基眼目モノアラガイ科の巻貝。

部首4画 《犬部》

[152] 狗

狗母魚[5] えそ
エソ科の魚類の総称。マエソ・アカエソ・オキエソなどがある。
青眼狗母魚　あおめえそ
青目狗母魚　あおめえそ
赤狗母魚　あかえそ
沖狗母魚　おきえそ
砂狗母魚　すなえそ
手斧狗母魚　ておのえそ
蜥蜴狗母魚　とかげえそ
豊年狗母魚　ほうねんえそ
鳳来狗母魚　ほうらいえそ
布袋狗母魚　ほていえそ
真狗母魚　まえそ
横狗母魚　よこえそ
鰐狗母魚　わにえそ

狗尾総被衣[7] えのころふさかつぎ
半索動物門翼鰓綱頭盤虫科の海産小動物。

[153] 狭

狭腰[13] さごし
〔季語〕春。サワラの小さいもの。

[154] 猿

猿頬貝[16] さるぼうがい
二枚貝綱フネガイ科の二枚貝。殻長5.6cm, 殻高4.1cm。〔分布〕東京湾から有明海、沿海州南部から韓国、黄海、南シナ海。潮下帯上部から水深20mの砂泥底に生息。

難読/誤読 魚介類漢字よみかた辞典　35

部首5画《玄部》

[155] 玄

⁷玄貝　くろがい
〔季語〕春。貽貝の別称。

部首5画《玉部》

[156] 王

⁷王余魚　しらうお
〔季語〕春。シラウオ科の体長十センチほどの小魚で干し魚として美味。

[157] 玉

¹⁰玉珧　たいらぎ
二枚貝綱ハボウキガイ科の二枚貝。貝柱の部分をタイラガイと呼ぶ。殻長23cm、殻幅6cm。〔分布〕福島県・日本海中部以南、熱帯インド・西太平洋。水深30mまでの泥底に生息。漁期は十月～四月ごろ。〔季語〕冬。

¹¹玉章貝　たまずさがい
二枚貝綱フネガイ科の二枚貝。殻長7.5cm。〔分布〕インド・太平洋。浅海に生息。

¹²玉筋魚　いかなご
〔季語〕春。イカナゴ科の体長二十センチほどの細長い魚。
北玉筋魚　きたいかなご
皺玉筋魚　しわいかなご

玉雁瘡鮃　たまがんぞうびらめ
硬骨魚綱カレイ目ヒラメ科ガンゾウビラメ属の魚。全長20cm。〔分布〕北海道南部以南～南シナ海。水深40～80mの砂泥底に生息。

¹⁶玉頭　たまがしら
硬骨魚綱スズキ目スズキ亜目イトヨリダイ科タマガシラ属の魚。全長15cm。〔分布〕銚子以南～台湾、フィリピン、インドネシア、東部インド洋沿岸。水深約120～130mの岩礁域に生息。

[158] 玳

¹²玳瑁　たいまい
〔季語〕夏。ウミガメ科の海産の大亀。

[159] 琴

⁴琴引　ことひき
スズキ目シマイサキ科コトヒキ属の魚。体長25cm。〔分布〕南日本、インド・太平洋域。沿岸浅所～河川汽水域に生息。
姫琴引　ひめことひき

¹²琴弾　ことひき
スズキ目シマイサキ科コトヒキ属の魚。体長25cm。〔分布〕南日本、インド・太平洋域。沿岸浅所～河川汽水域に生息。

[160] 環

⁷環貝　たまきがい
二枚貝綱タマキガイ科の二枚貝。

殻長7.1cm、殻高6.3cm。〔分布〕北海道南部〜鹿児島県。水深5〜30mの粗砂底に生息。

部首5画《瓦部》

[161] 瓦

[20] 瓦鰈　かわらがれい
カレイ目カワラガレイ科カワラガレイ属の魚。体長15cm。〔分布〕本州中部以南。大陸棚縁辺域に生息。

部首5画《生部》

[162] 生

[9] 生海鼠　なまこ
〔季語〕冬。棘皮動物のナマコ類で、冬が旬。

[22] 生鰹　いけかつお
スズキ目スズキ亜目アジ科イケカツオ属の魚。全長60cm。〔分布〕南日本、インド・太平洋域。沿岸浅所〜やや沖合の表層から水深100mまでに生息。

部首5画《田部》

[163] 田

[15] 田諸子　たもろこ
硬骨魚綱コイ目コイ科タモロコ属の魚。全長6cm。〔分布〕自然分布では関東以西の本州と四国、移植により東北地方や九州の一部。河川の中・下流の緩流域の湖沼、池、砂底または砂泥底の中・底層に生息。

田鯉　たもろこ
硬骨魚綱コイ目コイ科タモロコ属の魚。全長6cm。〔分布〕自然分布では関東以西の本州と四国、移植により東北地方や九州の一部。河川の中・下流の緩流域の湖沼、池、砂底または砂泥底の中・底層に生息。

[17] 田螺　たにし
軟体動物門腹足綱タニシ科に属する巻き貝の総称。タニシ科に属する淡水産巻貝の総称。〔季語〕春。

大田螺　おおたにし
　腹足綱中腹足目タニシ科のタニシ。〔季語〕春。

擬田螺　たにしもどき
　軟体動物門腹足綱中腹足目リンゴガイ科の巻貝。

長田螺　ながたにし

姫田螺　ひめたにし

豆田螺　まめたにし
　腹足綱中腹足目エゾマメタニシ科の巻貝。タニシを小型にしたような形をした淡水産の貝。〔季語〕春。

丸田螺　まるたにし

山田螺　やまたにし

部首5画《疒部》

[164] 疒

[12] 疣棘蟹　ひらとげがに
節足動物門軟甲綱十脚目タラバガ

ニ科の甲殻類。甲長22mm, 甲幅16mm。

部首5画《白部》

[165] 白

[3] 白子金魚　あるびのきんぎょ
赤眼で体色が白の金魚。

[11] 白魚　しらうお
サケ目シラウオ科シラウオ属の魚。体長9cm。〔分布〕北海道〜岡山県・熊本県、サハリン、沿海州〜朝鮮半島東岸、河川の河口域〜内湾の沿岸域, 汽水湖に生息。〔季語〕春。体長十センチほどの小魚で干し魚として美味。

有明白魚　ありあけしらうお
曹白魚　ひら

白魚　しろうお
スズキ目ハゼ亜目ハゼ科シロウオ属の魚。全長4cm。〔分布〕北海道〜九州、朝鮮半島。産卵期に海から遡上し, 河川の下流域で産卵する。絶滅危惧II類。

[22] 白鰱　はくれん
硬骨魚綱コイ目コイ科ハクレン属の魚。全長20cm。〔分布〕原産地はアジア大陸東部。移殖により利根川・江戸川水系、淀川水系。大河川の下流の緩流域、平野部の浅い湖沼, 池に生息。

[166] 的

[19] 的鯛　まとうだい
マトウダイ目マトウダイ亜目マトウダイ科マトウダイ属の魚。全長30cm。〔分布〕本州南部以南〜インド・太平洋域。水深100〜200mに生息。

部首5画《皮部》

[167] 皮

[10] 皮剝　かわはぎ
フグ目フグ亜目カワハギ科カワハギ属の魚。全長25cm。〔分布〕北海道以南、東シナ海。100m以浅の砂地に生息。〔季語〕夏。カワハギ科に属する磯魚。外皮が厚く食べるとき皮をはいで食べるためこの名がある。

天狗皮剝　てんぐかわはぎ
紋殻皮剝　もんがらかわはぎ

部首5画《目部》

[168] 目

[1] 目一鯛　めいちだい
硬骨魚綱スズキ目スズキ亜目タイ科メイチダイ属の魚。全長20cm。〔分布〕南日本〜東インド・西太平洋。主に100m以浅の砂礫・岩礁域に生息。

[4] 目仁奈　めじな
硬骨魚綱スズキ目メジナ科メジナ

目部（目）

属の魚。全長30cm。〔分布〕新潟・房総半島以南〜鹿児島、朝鮮半島南岸、済州島、台湾、福建、香港。沿岸の岩礁に生息。

目仁奈擬　めじなもどき

目抜　めぬけ
硬骨魚綱カサゴ目フサカサゴ科の海水魚類のうち、体が赤色の大形種の総称。

黒目抜　くろめぬけ
三公目抜　さんこうめぬけ
薔薇目抜　ばらめぬけ
鰭黒目抜　ひれぐろめぬけ

目奈陀　めなだ
ボラ目ボラ科メナダ属の魚。体長1m。〔分布〕九州〜北海道、中国、朝鮮半島〜アムール川。内湾浅所、河川汽水域に生息。

目高　めだか
硬骨魚綱ダツ目メダカ亜目メダカ科メダカ属の魚。全長3cm。〔分布〕本州〜沖縄島、朝鮮半島、中国中〜南部、台湾。平野部の池沼、水田、細流などに生息。絶滅危惧II類。〔季語〕夏。

白目高　しろめだか
　〔季語〕夏。
緋目高　ひめだか
　〔季語〕夏。赤色のメダカ。

目張　めばる
硬骨魚綱カサゴ目カサゴ亜目フサカサゴ科メバル属の魚。全長20cm。〔分布〕北海道南部〜九州、朝鮮半島南部。沿岸岩礁域に生息。

薄目張　うすめばる
蝦夷目張　えぞめばる
狐目張　きつねめばる
筍目張　たけのこめばる
戸毎目張　とごっとめばる
姫目張　ひめめばる
柳目張　やなぎめばる
鎧目張　よろいめばる

目痛鰈　めいたがれい
硬骨魚綱カレイ目カレイ科メイタガレイ属の魚。全長15cm。〔分布〕北海道南部以南、黄海・渤海・東シナ海北部。水深100m以浅の砂泥底に生息。

目鉢　めばち
硬骨魚綱スズキ目サバ亜目サバ科マグロ属の魚。体長2m。〔分布〕日本近海（日本海には稀）、世界中の温・熱帯海域。外洋の表層に生息。

目撥　めばち
硬骨魚綱スズキ目サバ亜目サバ科マグロ属の魚。体長2m。〔分布〕日本近海（日本海には稀）、世界中の温・熱帯海域。外洋の表層に生息。

目鯛　めだい
硬骨魚綱スズキ目イボダイ亜目イボダイ科メダイ属の魚。全長40cm。〔分布〕北海道以南の各地。幼魚は流れ藻、成魚は水深100m以深の底層に生息。

沖目鯛　おきめだい
　スズキ目イボダイ亜目エボシダイ科ボウズコンニャク属の魚。全長3cm。〔分布〕鳥島沖、世界中の暖海。

金目鯛　きんめだい
　キンメダイ目キンメダイ科キン

難読/誤読 魚介類漢字よみかた辞典　39

メダイ属の魚。全長20cm。〔分布〕釧路沖以南、太平洋、インド洋、大西洋、地中海。大陸棚の水深100〜250m（未成魚）から、沖合の水深200〜800m（成魚）における岩礁域に生息。〔季語〕冬。

銀目鯛 ぎんめだい
黒目鯛 くろめだい
光金目鯛 ひかりきんめだい

〔169〕盲

[5] 盲穴子 あさばほらあなご
硬骨魚綱ウナギ目ウナギ亜目ホラアナゴ科アサバホラアナゴ属の魚。全長55cm。〔分布〕相模湾以南、台湾、インド洋、大西洋。水深30〜270mに生息。

[22] 盲鰻 ほそぬたうなぎ
ヌタウナギ目ヌタウナギ科ホソヌタウナギ属の魚。全長50cm。〔分布〕銚子以南の太平洋側〜沖縄県。200〜1100mの深海底に生息。

〔170〕相

[14] 相嘗 あいなめ
カサゴ目カジカ亜目アイナメ科アイナメ属の魚。全長30cm。〔分布〕日本各地、朝鮮半島南部、黄海。浅海岩礁域に生息。

磯相嘗 いそあいなめ
兎相嘗 うさぎあいなめ
蝦夷相嘗 えぞあいなめ
蝦夷磯相嘗 えぞいそあいなめ
　タラ目チゴダラ科チゴダラ属の魚。全長20cm。〔分布〕函館以南の太平洋岸。大陸棚浅海域に生息。

筋相嘗 すじあいなめ

〔171〕真

[6] 真名鰹 まながつお
硬骨魚綱スズキ目イボダイ亜目マナガツオ科マナガツオ属の魚。体長60cm。〔分布〕南日本、東シナ海。大陸棚砂泥底に生息。

[11] 真魚鰹 まながつお
硬骨魚綱スズキ目イボダイ亜目マナガツオ科マナガツオ属の魚。体長60cm。〔分布〕南日本、東シナ海。大陸棚砂泥底に生息。

[19] 真蘇枋貝 ますおがい
二枚貝綱マルスダレガイ目シオサザナミ科の二枚貝。殻長4.5cm、殻高2cm。〔分布〕和歌山県から北オーストラリア、インド洋。内湾潮間帯の泥底に生息。

〔172〕眼

[4] 眼仁奈 めじな
硬骨魚綱スズキ目メジナ科メジナ属の魚。全長30cm。〔分布〕新潟・房総半島以南〜鹿児島、朝鮮半島南岸、済州島、台湾、福建、香港。沿岸の岩礁に生息。

翁眼仁奈 おきなめじな
黒眼仁奈 くろめじな

[7] 眼抜 めぬけ
〔季語〕冬。カサゴ科のメヌケ類に属する魚類の総称。

目部（着）矢部（矢，短）石部（石）

眼奈陀 めなだ [8]
ボラ目ボラ科メナダ属の魚。体長1m。〔分布〕九州～北海道、中国、朝鮮半島～アムール川。内湾浅所，河川汽水域に生息。

眼張 めばる [11]
〔季語〕春。カサゴ科の磯魚で、目が大きいためにこの名がある。煮つけなどにして美味。

薄眼張 うすめばる
蝦夷眼張 えぞめばる

眼鯛 めだい [19]
硬骨魚綱スズキ目イボダイ亜目イボダイ科メダイ属の魚。全長40cm。〔分布〕北海道以南の各地。幼魚は流れ藻、成魚は水深100m以深の底層に生息。

〔173〕着

着綿貝 きせわたがい [14]
腹足綱後鰓亜綱頭楯目キセワタガイ科の軟体動物。殻長14mm。〔分布〕北海道～九州、および中国沿岸。潮間帯～水深110mの砂泥底に生息。

部首5画《矢部》

〔174〕矢

矢柄 やがら [9]
硬骨魚綱ヨウジウオ目ヤガラ科Fistulariidaeの海水魚の総称。

青矢柄 あおやがら
赤矢柄 あかやがら
　トゲウオ目ヨウジウオ亜目ヤガラ科ヤガラ属の魚。体長1.5m。〔分布〕本州中部以南、東部太平洋を除く全世界の暖海。やや沖合の深みに生息。

管矢柄 くだやがら
箆矢柄 へらやがら

矢幹 やがら [13]
硬骨魚綱ヨウジウオ目ヤガラ科Fistulariidaeの海水魚の総称。

〔175〕短

短角鮫 つまりつのざめ [7]
軟骨魚綱ツノザメ目ツノザメ科ツノザメ属の魚。オス体長45cm、メス体長60cm。〔分布〕南日本。大陸棚（130m以深）に生息。

部首5画《石部》

〔176〕石

石伏 いしぶし [6]
〔季語〕秋。カジカの別称。

石伏魚 ごり
〔季語〕夏。カジカ科の魚の総称。

石帆 うみうちわ
刺胞動物門ヤギ目アイノヤギ科ウミウチワ属の海産動物。ポリプ高さ約1mm。〔分布〕相模湾以南、小笠原までの太平洋岸。

石投 いしなぎ [7]
スズキ目スズキ亜目イシナギ科イ

難読/誤読 魚介類漢字よみかた辞典 *41*

シナギ属の魚。全長70cm。〔分布〕北海道〜高知県・石川県。水深400〜600mの岩礁域に生息。

石花　かき
〔季語〕冬。牡蛎の別名、石についている様が花のようにみえることから。

石芝　くさびらいし
刺胞動物門イシサンゴ目イシサンゴ亜綱クサビライシ科クサビライシ属のサンゴ。色は褐色が普通。〔分布〕フィリピン、八重山諸島、沖縄諸島、奄美諸島、種子島。

石首魚　いしもち
〔季語〕夏。ニベ科に属する海魚。かまぼこの原料。

石蚕　みどりいし
刺胞動物門花虫綱六放サンゴ亜綱イシサンゴ目ミドリイシ科ミドリイシ属の海産動物の総称、およびそのなかの一種。このうち鹿の角に似ているものは「シカツノサンゴ」とも総称される。

石馬刀　いしまて
二枚貝綱イガイ科の二枚貝。岩に穴を掘ってその中にすむ。殻長5cm、殻幅12mm。〔分布〕陸奥湾から九州。潮間帯から水深20mの泥質や石灰質の基質に穿孔。

石散貝　いしまきがい
腹足綱原始腹足目アマオブネガイ科の巻貝。殻長1〜3cm。〔分布〕房総半島以南。河川の中・上流部に生息。

石斑魚　いしぶし
〔季語〕夏、秋。カジカ科の魚の総称。

石斑魚　うぐい
コイ目コイ科ウグイ属の魚。全長15cm。〔分布〕北海道、本州、四国、九州、および近隣の島嶼。河川の上流域から感潮域、内湾までに生息。

石蟶　いしまて
二枚貝綱イガイ科の二枚貝。岩に穴を掘ってその中にすむ。殻長5cm、殻幅12mm。〔分布〕陸奥湾から九州。潮間帯から水深20mの泥質や石灰質の基質に穿孔。

石鼈貝　ひざらがい
多板綱新ヒザラガイ目クサズリガイ科の軟体動物。広義には軟体動物門多板綱に属する動物の総称。体長7cm。〔分布〕北海道南部から九州、屋久島、韓国沿岸、中国大陸東シナ海沿岸。潮間帯の岩礁上に生息。

薄石鼈貝　うすひざらがい
大判石鼈　おおばんひざらがい
毛膚石鼈貝　けはだひざらがい
毛虫石鼈貝　けむしひざらがい

〔177〕砂

砂滑　すなめり
哺乳綱クジラ目ネズミイルカ科のハクジラ。体長1.2〜1.9m。〔分布〕インド洋および西部太平洋の沿岸海域と全ての主要な河川。

石部（砑,硨,碑,磯）示部（神）禾部（秋）立部（竜,章）

[178] 砑

[17] 砑螺貝　つめたがい
腹足綱タマガイ科の巻貝。殻長5cm。〔分布〕北海道南部以南、インド・西太平洋。潮間帯～水深50mの細砂底に生息。

[179] 硨

[17] 硨磲貝　しゃこがい
軟体動物門二枚貝綱シャコガイ科に属する二枚貝の総称。
姫硨磲貝　ひめしゃこがい

[180] 硨

[17] 硨螯　しゃごうがい
二枚貝綱マルスダレガイ目シャコガイ科の二枚貝。殻長40cm、殻高27cm。〔分布〕沖縄からミクロネシア、メラネシア、北オーストラリア。サンゴ礁の浅海に生息。

[181] 磯

[14] 磯銀宝　いそぎんぽ
スズキ目ギンポ亜目イソギンポ科イソギンポ属の魚。全長4cm。〔分布〕下北半島以南、奄美大島以北の日本各地、台湾。岩礁性海岸、タイドプールに生息。

部首5画《示部》

[182] 神

[11] 神魚　はたはた
硬骨魚綱スズキ目ワニギス亜目ハタハタ科ハタハタ属の魚。全長12cm。〔分布〕日本海沿岸・北日本、カムチャッカ、アラスカ。水深100～400mの大陸棚砂泥底、産卵期は浅瀬の藻場に生息。

部首5画《禾部》

[183] 秋

[2] 秋刀魚　さんま
ダツ目トビウオ亜目サンマ科サンマ属の魚。全長30cm。〔分布〕日本各地～アメリカ西岸に至る北太平洋。外洋の表層に生息。〔季語〕秋。

部首5画《立部》

[184] 竜

[16] 竜頭宝　りゅうずだから
タカラガイ科の貝。

[185] 章

[11] 章魚　たこ
軟体動物門頭足綱八腕形目に属する動物の総称。〔季語〕夏。

難読/誤読 魚介類漢字よみかた辞典

章魚舟　たこぶね
　頭足綱八腕形目カイダコ科の軟体動物。殻長8～9cm。〔分布〕本邦太平洋・日本海側の暖海域。表層に生息。
麦藁章魚　むぎわらだこ
　〔季語〕夏。六月のころのタコ。

部首6画《竹部》

〔186〕竹

竹魚[11]　さより
　〔季語〕春。サヨリ科に属する海魚。吸い物やさしみとして美味。

〔187〕笠

笠子[3]　かさご
　カサゴ目カサゴ亜目メバル科カサゴ属の魚。全長20cm。〔分布〕北海道南部以南～東シナ海。沿岸の岩礁に生息。
文目笠子　あやめかさご
伊豆笠子　いずかさご
磯笠子　いそかさご
鬼笠子　おにかさご
瀬戸蓑笠子　せとみのかさご
総笠子　ふさかさご
房笠子　ふさかさご
炎笠子　ほのおかさご
襤褸笠子　ぼろかさご
蓑笠子　みのかさご
夢笠子　ゆめかさご

〔188〕筬

筬蟹[19]　おさがに
　節足動物門軟甲綱十脚目スナガニ科オサガニ属のカニ。

〔189〕簳

簳魚[11]　やがら
　硬骨魚綱ヨウジウオ目ヤガラ科Fistulariidaeの海水魚の総称。
青簳魚　あおやがら
赤簳魚　あかやがら
管簳魚　くだやがら
篦簳魚　へらやがら

〔190〕籠

籠担鯛[8]　かごかきだい
　スズキ目カゴカキダイ科カゴカキダイ属の魚。全長15cm。〔分布〕山陰・茨城県以南、台湾、ハワイ諸島、オーストラリア。岩礁域に生息。

籠昇鯛[9]　かごかきだい
　スズキ目カゴカキダイ科カゴカキダイ属の魚。全長15cm。〔分布〕山陰・茨城県以南、台湾、ハワイ諸島、オーストラリア。岩礁域に生息。

部首6画《米部》

〔191〕粉

粉馬以[10]　こまい
　タラ目タラ科コマイ属の魚。全長

笠子　44ページ

翻車魚　48ページ

莵葵　50ページ

蛸　53ページ

過背金龍　60ページ

鰤　68ページ

鯰　73ページ

鱓　80ページ

糸部（糸, 紅, 素, 紡）

30cm。〔分布〕北海道周辺、黄海、オホーツク海、ベーリング海、北太平洋。大陸棚浅海域に生息。

部首6画《糸部》

〔192〕糸

[11] 糸撚　いとより
〔季語〕冬。タイ科の海魚。

糸魚　いとよ
トゲウオ目トゲウオ亜目トゲウオ科イトヨ属の魚。全長6cm。〔分布〕利根川・島根県益田川以北の本州、北海道、ユーラシア・北アメリカ。海域の沿岸部, 内湾, 潮だまりに生息。

[15] 糸撚　いとより
スズキ目スズキ亜目イトヨリダイ科イトヨリダイ属の魚。全長25cm。〔分布〕琉球列島を除く南日本〜東シナ海、台湾、南シナ海、ベトナム、フィリピン、北西オーストラリア。水深40〜250mの砂泥底に生息。

- 糸撚鯛　いとよりだい
  〔季語〕冬。
- 底糸撚鯛　そこいとより
- 日本糸撚　にほんいとより
- 姫糸撚　ひめいとより
- 平糸撚　ひらいとより

糸諸子　いともろこ
コイ目コイ科スゴモロコ属の魚。全長5cm。〔分布〕濃尾平野以西の本州、四国北東部、九州北部、長崎県壱岐・五島列島福江島、神奈川県相模川（移殖）。河川の中・下流の緩流域に生息。砂礫底の底近くに多い。

糸鯉　いともろこ
コイ目コイ科スゴモロコ属の魚。全長5cm。〔分布〕濃尾平野以西の本州、四国北東部、九州北部、長崎県壱岐・五島列島福江島、神奈川県相模川（移殖）。河川の中・下流の緩流域に生息。砂礫底の底近くに多い。

[16] 糸縒鯛　いとよりだい
スズキ目スズキ亜目イトヨリダイ科イトヨリダイ属の魚。全長25cm。〔分布〕琉球列島を除く南日本〜東シナ海、台湾、南シナ海、ベトナム、フィリピン、北西オーストラリア。水深40〜250mの砂泥底に生息。

〔193〕紅

[16] 紅樹蜆　ひるぎしじみ
二枚貝綱真弁鰓目シジミ科の二枚貝。

〔194〕素

[11] 素魚　しろうお
スズキ目ハゼ亜目ハゼ科シロウオ属の魚。全長4cm。〔分布〕北海道〜九州、朝鮮半島。産卵期に海から遡上し, 河川の下流域で産卵する。絶滅危惧II類。

〔195〕紡

[16] 紡錘鰤　つむぶり
硬骨魚綱スズキ目スズキ亜目アジ科ツムブリ属の魚。全長80cm。

〔分布〕南日本、全世界の温帯・熱帯海域。沖合～沿岸の表層に生息。

〔196〕紋

[11]紋殻通　もんがらどおし
硬骨魚綱ウナギ目ウナギ亜目ウミヘビ科ウミヘビ属の魚。全長60cm。〔分布〕千葉県～沖縄県、インド・太平洋域。

〔197〕細

[8]細波鯛　さざなみだい
スズキ目スズキ亜目フエフキダイ科メイチダイ属の魚。全長80cm。〔分布〕鹿児島県以南～インド・西太平洋。50m以深の砂礫・岩礁域に生息。

[11]細魚　さより
ダツ目トビウオ亜目サヨリ科サヨリ属の魚。全長40cm。〔分布〕北海道南部以南の日本各地（琉球列島と小笠原諸島を除く）～朝鮮半島、黄海。沿岸表層に生息。〔季語〕春。サヨリ科に属する海魚。吸い物やさしみとして美味。
角細魚　かくさより
久留米細魚　くるめさより
細魚飛魚　さよりとびうお
唐細魚　とうざより
星細魚　ほしざより

[17]細螺　きさご
腹足綱ニシキウズ科の巻貝。殻幅2.3cm。〔分布〕北海道南部～九州。潮間帯～水深10mの砂底に生息。〔季語〕春。バテイラ科の海産巻き貝。殻をおはじきなどに用いて遊ぶ。
団平細螺　だんべいきさご
水細螺　みずしただみ

〔198〕絹

[11]絹張　きぬばり
スズキ目ハゼ亜目ハゼ科キヌバリ属の魚。全長9cm。〔分布〕北海道～九州、朝鮮半島南岸。岩礁性海岸に生息。

〔199〕綾

[8]綾法螺　あやぼら
腹足綱フジツガイ科の巻貝。殻表にわら色で粗い毛状の厚い皮をかぶった細長い貝。殻長10cm。〔分布〕相模湾・山口県以北の本州、北海道、アリューシャンをへて北アメリカ西岸。北方では潮間帯下部に生息し、南方では水深300mにおよぶ砂泥底に生息。

〔200〕総

[11]総笠子　ふさかさご
硬骨魚綱カサゴ目カサゴ亜目フサカサゴ科フサカサゴ属の魚。体長23cm。〔分布〕本州中部以南、釜山。水深100mに生息。

[14]総銀宝　ふさぎんぽ
硬骨魚綱スズキ目ゲンゲ亜目タウエガジ科フサギンポ属の魚。全長30cm。〔分布〕山陰、岩手県以北、遼東半島～ピーター大帝湾。岩礁地帯、内湾に生息。

糸部（緋, 網）羊部（美, 義）羽部（羽）

〔201〕緋

緋魚　あこうだい
カサゴ目カサゴ亜目フサカサゴ科メバル属の魚。体長60cm。〔分布〕青森県〜静岡県。深海の岩礁に生息。

〔202〕網

網目剝　あみめはぎ
フグ目フグ亜目カワハギ科アミメハギ属の魚。全長6cm。〔分布〕南日本、朝鮮半島南岸。20m以浅の岩礁の藻場, 内湾のアマモ場に生息。

部首6画《羊部》

〔203〕美

美主貝　びのすがい
二枚貝綱マルスダレガイ目マルスダレガイ科の二枚貝。殻長10cm, 殻高8cm。〔分布〕東北地方以北。水深5〜30mの砂底に生息。

〔204〕義

義万　ぎま
フグ目ギマ亜目ギマ科ギマ属の魚。全長25cm。〔分布〕静岡県以南、インド・西太平洋。浅海の底層部に生息。

義蜂　ぎばち
ナマズ目ギギ科ギバチ属の魚。全長12cm。〔分布〕神奈川県・富山県以北の本州。河川の中流の淵尻の岩や石の下, 石垣の間に潜む。絶滅危惧II類。

部首6画《羽部》

〔205〕羽

羽太　はた
硬骨魚綱スズキ目ハタ科のハタ亜科に属する海水魚の総称。〔季語〕夏。

青之目羽太　あおのめはた
青羽太　あおはた
赤羽太　あかはた
痣羽太　あざはた
小豆羽太　あずきはた
大筋羽太　おおすじはた
大目羽太　おおめはた
尾白薔薇羽太　おじろばらはた
梯羽太　かけはしはた
絣羽太　かすりはた
雉羽太　きじはた
雉子羽太　きじはた
黄点羽太　きてんはた
小紋羽太　こもんはた
更紗羽太　さらさはた
縞羽太　しまはた
白斑羽太　しろぶちはた
茶色丸羽太　ちゃいろまるはた
鳶羽太　とびはた
波羽太　なみはた
虹羽太　にじはた
花羽太　はなはた
薔薇羽太　ばらはた
瞳羽太　ひとみはた

箒羽太　ほうきはた
宝石羽太　ほうせきはた
斑羽太　まだらはた
真羽太　まはた
灸羽太　やいとはた
浴衣羽太　ゆかたはた
瑠璃羽太　るりはた

[9] 羽海水螅
はねうみひどら
刺胞動物門花クラゲ目ハネウミヒドラ科の海産動物。高さ20cm。〔分布〕本州中部以南。

[206] 翻

[7] 翻車魚　まんぼう
硬骨魚綱フグ目フグ亜目マンボウ科マンボウ属の魚。全長50cm。〔分布〕北海道以南〜世界中の温帯・熱帯海域。外洋の主に表層に生息。

赤翻車魚　あかまんぼう

部首6画《老部》

[207] 老

[9] 老海鼠　ほや
〔季語〕夏。原索動物の海鞘目に属する海産動物。全身が皮状の厚い外皮でおおわれ、イボ状の突起がある。

[10] 老翁　おじさん
スズキ目ヒメジ科ウミヒゴイ属の魚。全長25cm。〔分布〕南日本〜インド・西太平洋域。サンゴ礁域に生息。

部首6画《肉部》

[208] 背

[11] 背張海豚
せっぱりいるか
哺乳綱クジラ目マイルカ科のハクジラ。体長1.2〜1.5m。〔分布〕ニュージーランドの特に南島の沿岸海域と、北島の西岸。絶滅の危機に瀕している。

背張鰍　せっぱりかじか
カサゴ目カジカ亜目ウラナイカジカ科セッパリカジカ属の魚。全長20cm。〔分布〕山口県・千葉県以北。水深800〜1000mに生息。

[209] 脆

[22] 脆鯵　もろあじ
〔季語〕夏。鯵の一種。

[210] 腕

[10] 腕振り蛇尾
うでふりくもひとで
棘皮動物門クモヒトデ綱閉蛇尾目フサクモヒトデ科の海産動物。盤の直径は最大で20mm。〔分布〕インド-西太平洋、日本では鹿児島県以南。

肉部（腰,膾）舛部（舞）艸部（花,苛,茅）

[211] 腰

腰高岩螺　こしだかがんがら
腹足綱ニシキウズ科の巻貝。殻高2.8cm。〔分布〕北海道北部～九州。潮間帯～水深20mの岩礁に生息。

腰高物洗貝　こしたかひめものあらがい
軟体動物門腹足綱モノアラガイ科の巻貝。

[212] 膾

膾残魚　しらうお
〔季語〕春。シラウオ科の体長十センチほどの小魚で干し魚として美味。

部首6画《舛部》

[213] 舞

舞鯛　ぶだい，まいだい
硬骨魚綱スズキ目ベラ亜目ブダイ科ブダイ属の魚。全長40cm。〔分布〕南日本、小笠原。藻場・礫域に生息。〔季語〕冬。
　青舞鯛　あおぶだい
　一文字舞鯛　いちもんじぶだい
　大紋禿舞鯛　おおもんはげぶだい
　帯舞鯛　おびぶだい
　冠舞鯛　かんむりぶだい
　黄鰭舞鯛　きびれぶだい
　白帯舞鯛　しろおびぶだい
　筋舞鯛　すじぶだい
　長舞鯛　ながぶだい
　南洋舞鯛　なんようぶだい
　火舞鯛　ひぶだい
　緋舞鯛　ひぶだい
　斑舞鯛　ぶちぶだい

部首6画《艸部》

[214] 花

花弁魚　はなびらうお
硬骨魚綱スズキ目イボダイ亜目エボシダイ科スジハナビラウオ属の魚。全長7cm。〔分布〕釧路以南の各地～北西太平洋、インド洋、大西洋。幼魚はクラゲの下，成魚は底生に生息。

[215] 苛

苛藻　いらも
刺胞動物門鉢クラゲ綱冠クラゲ目エフィラクラゲ科のクラゲ。ポリプ世代の俗称をイラモという。ポリプ高さ10mm。〔分布〕南紀地方および奄美から沖縄県にかけての浅海底。

[216] 茅

茅海　ちぬ
〔季語〕夏。クロダイの別称。

[217] 荒

荒磯貝[17] ありそがい
二枚貝綱マルスダレガイ目バカガイ科の二枚貝。殻長12cm、殻高10cm。〔分布〕相模湾以南、九州、中国大陸南岸、東南アジア。潮間帯下部〜水深20mの砂底に生息。

[218] 草

草片石[4] くさびらいし
刺胞動物門イシサンゴ目イシサンゴ亜綱クサビライシ科クサビライシ属のサンゴ。色は褐色が普通。〔分布〕フィリピン、八重山諸島、沖縄諸島、奄美諸島、種子島。

草紙剝[10] そうしはぎ
フグ目フグ亜目カワハギ科ウスバハギ属の魚。全長40cm。〔分布〕相模湾以南、全世界の熱帯海域。沿岸域に生息。

草魚[11] くさうお
カサゴ目カジカ亜目クサウオ科クサウオ属の魚。全長40cm。〔分布〕長崎県・瀬戸内海〜北海道南部、東シナ海、黄海、渤海。水深50〜121mに生息。

草魚 そうぎょ
コイ目コイ科ソウギョ属の魚。全長20cm。〔分布〕アジア大陸東部原産。移殖により利根川・江戸川水系。大河川の下流の緩流域、平野部の浅い湖沼、池、堀割に生息。

[219] 華

華臍魚[18] かせいぎょ
〔季語〕冬。アンコウの漢名。

華鬘貝[21] けまんがい
二枚貝綱マルスダレガイ目マルスダレガイ科の二枚貝。殻長4cm、殻高3.2cm。〔分布〕三重県、能登半島から東南アジア。潮間帯から水深20mの砂礫底に生息。

[220] 菟

菟葵[12] いそぎんちゃく
刺胞動物門花虫綱イソギンチャク類の総称。
擬菟葵 いそぎんちゃくもどき
淡紅菟葵 うすあかいそぎんちゃく

[221] 菊

菊銘石[14] きくめいし
刺胞動物門花虫綱六放サンゴ亜綱イシサンゴ目キクメイシ科キクメイシ属のサンゴ。〔分布〕フィリピン、八重山諸島、沖縄諸島、奄美諸島、種子島、土佐清水、天草、串本、白浜、伊豆半島、館山。

[222] 萌

萌葱磯巾着[12] みどりいそぎんちゃく
刺胞動物門イソギンチャク目ウメボシイソギンチャク科の水生動物。体壁直径3〜7cm。

岬部（葉, 落, 蓬, 薄, 藍, 藻, 藜）

[223] 葉

葉丹宝[4]　はたんぽ
硬骨魚綱スズキ目ハタンポ科に属するハタンポ属の海水魚の総称。

[224] 落

落葉松貝[12]　からまつがい
腹足綱有肺亜綱柄眼目カラマツガイ科の貝。殻長19mm、殻高5mm。〔分布〕三陸以南から九州。岩礁潮間帯上部に生息。

[225] 蓬

蓬莱比売女[11]　ほうらいひめじ
硬骨魚綱スズキ目ヒメジ科ウミヒゴイ属の魚。全長30cm。〔分布〕南日本、兵庫県浜坂～インド洋。サンゴ礁の海藻繁茂域や外縁に生息。

[226] 薄

薄葉剥[12]　うすばはぎ
フグ目フグ亜目カワハギ科ウスバハギ属の魚。全長40cm。〔分布〕全世界の温帯・熱帯海域。浅海域に生息。

[227] 藍

藍子[3]　あいご
スズキ目ニザダイ亜目アイゴ科アイゴ属の魚。全長20cm。〔分布〕山陰・下北半島以南、琉球列島、台湾、フィリピン、西オーストラリア。岩礁域、藻場に生息。

網藍子　あみあいご
スズキ目ニザダイ亜目アイゴ科アイゴ属の魚。全長6.5cm。〔分布〕駿河湾以南～東インド・西太平洋。藻場域に生息。

胡麻藍子　ごまあいご
珊瑚藍子　さんごあいご
縮緬藍子　ちりめんあいご
花藍子　はなあいご
火吹藍子　ひふきあいご
姫藍子　ひめあいご
斑藍子　ぶちあいご
交藍子　まじりあいご

[228] 藻

藻素坊[10]　わらすぼ
硬骨魚綱スズキ目ハゼ亜目ハゼ科ワラスボ属の魚。体長25cm。〔分布〕有明海、八代海、朝鮮半島、中国、インド。湾内の軟泥中に生息。

藻須坊[12]　わらすぼ
硬骨魚綱スズキ目ハゼ亜目ハゼ科ワラスボ属の魚。体長25cm。〔分布〕有明海、八代海、朝鮮半島、中国、インド。湾内の軟泥中に生息。

[229] 藜

藜海老[9]　あかざえび
軟甲綱十脚目長尾亜目アカザエビ科のエビ。橙赤色の体色が植物のアカザの若い葉にある紅斑に似ているためこの名がある。体長200mm。

藜蝦[15]　あかざえび
軟甲綱十脚目長尾亜目アカザエビ

艸部（藻）虍部（虎,虞）虫部（虱,蚊,蛇）

科のエビ。橙赤色の体色が植物のアカザの若い葉にある紅斑に似ているためこの名がある。体長200mm。

〔230〕藻

藻屑背負[10]　もくずしょい
　節足動物門軟甲綱十脚目クモガニ科モクズショイ属のカニ。

部首6画《虍部》

〔231〕虎

虎海鼠[9]　とらこ
　〔季語〕冬。ナマコの一種。

虎魚[11]　おこぜ
　カサゴ科の魚のうちで、ひれのとげに毒をもつものの一般的な総称。〔季語〕夏。カサゴ科に属する魚。吸い物、からあげなどにして美味。

虎魚　こぎょ
　〔季語〕冬。カサゴ科の海魚、醜悪な顔・形をしている。
　鬼虎魚　おにおこぜ
　三島虎魚　みしまおこぜ

〔232〕虞

虞留久満[10]　ぐるくま
　スズキ目サバ亜目サバ科グルクマ属の魚。全長40cm。〔分布〕沖縄県以南〜インド・西太平洋の熱帯・亜熱帯域。沿岸表層に生息。

部首6画《虫部》

〔233〕虱

虱目魚[5]　さばひー
　ネズミギス目サバヒー亜目サバヒー科サバヒー属の魚。全長50cm。〔分布〕高知県以南、台湾、フィリピン、インド洋、紅海。沿岸浅海域、河川に生息。

〔234〕蚊

蚊絶[12]　かだやし
　カダヤシ目カダヤシ科カダヤシ属の魚。全長3cm。〔分布〕原産地は北アメリカニュージャージー州〜メキシコ湾岸を経てメキシコ中部まで。日本では本州〜琉球列島。平野部の池沼、水田、細流などに生息。

〔235〕蛇

蛇虫[6]　じゃむし
　環形動物門サシバゴカイ目ゴカイ科の海産動物。小型のヘビくらいの大きさになり、また生殖時期に体をくねらせながら泳ぐようすもヘビに似ているところからこの名がある。体長1m。〔分布〕東北から北海道。

蛇尾[7]　くもひとで
　棘皮物の現在5綱中の一つ。
　赤蛇尾　あかくもひとで
　腕振り蛇尾　うでふりくもひとで
　十目蛇尾　とうめくもひとで

虫部（蛞, 蛸, 蜆）

日本蛇尾　にほんくもひとで
輪紋蛇尾　わもんくもひとで

[236] 蛞

蛞蝓魚　なめくじうお
脊索動物門ナメクジウオ綱ナメクジウオ目ナメクジウオ科ナメクジウオ属の海産動物。体長25mm〜50mm。

[237] 蛸

蛸　たこ
軟体動物門頭足綱八腕形目に属する動物の総称。〔季語〕夏。

飯蛸　いいだこ
　頭足綱八腕形目マダコ科の軟体動物。体長30cm。〔分布〕北海道南部以南、日本全国から朝鮮半島南部、中国沿岸。浅海底に生息。〔季語〕春。卵が米粒のような形をしているためこの名がある。

腕太蛸　うでぶとだこ
蝦夷蜘蛛蛸　えぞくもだこ
尾花蛸　おばなだこ
　〔季語〕秋。尾花の咲く秋、産卵後の栄養不足で、美味でないタコのこと。

水母蛸　くらげだこ
蝙蝠蛸　こうもりだこ
縞蛸　しまだこ
高砂飯蛸　たかさごいいだこ
　〔季語〕春。イイダコの一種。

蛸烏賊　たこいか
　頭足綱ツツイカ目テカギイカ科の軟体動物。外套長25cm。〔分布〕北太平洋亜寒帯。表・中層に生息。

蛸水母　たこくらげ
　刺胞動物門根口クラゲ目タコクラゲ科の水生動物。傘径15cm。〔分布〕茨城県・新潟県以南の本州中部より沖縄。〔季語〕夏。半球形に近い傘があり、その下に多数の触手をもつクラゲの一種。

蛸海星　たこひとで
　ヒトデ綱マヒトデ目タコヒトデ科の棘皮動物。

蛸舟　たこぶね
　頭足綱八腕形目カイダコ科の軟体動物。殻長8〜9cm。〔分布〕本邦太平洋・日本海側の暖海域。表層に生息。

手長蛸　てながだこ
豹紋蛸　ひょうもんだこ
真蛸　まだこ
　頭足綱八腕形目マダコ科の軟体動物。体長60cm。〔分布〕常磐と能登半島以南の日本各地。潮間帯から陸棚上部に生息。

水蛸　みずだこ
　頭足綱八腕形目マダコ科の軟体動物。体長100cm。〔分布〕三陸沖から北海道周辺、北部北太平洋亜寒帯海域。沿岸から陸棚上に生息。

麦藁蛸　むぎわらだこ
　〔季語〕夏。六月のころのタコ。

紫蛸　むらさきだこ
面蛸　めんだこ
　頭足綱八腕形目メンダコ科の軟体動物。体幅20cm。〔分布〕相模湾から九州近海。水深150〜600mの近海底に生息。

柳蛸　やなぎだこ
輪紋蛸　わもんだこ

[238] 蜆

蜆　しじみ
淡水性のマシジミ・ヤマトシジ

虫部（蜑,蜊,蛽,蜘,蜷）

ミ・セタシジミ・などのシジミガイ科に属する二枚貝類の総称。〔季語〕春。

磯蜆　いそしじみ
二枚貝綱マルスダレガイ目シオサザナミ科の二枚貝。殻長3.9cm,殻高2.8cm。〔分布〕北海道南西部以南、九州、朝鮮半島、中国大陸沿岸。潮間帯から水深10mの砂泥底に生息。

沖蜆　おきしじみ
二枚貝綱マルスダレガイ目マルスダレガイ科の二枚貝。殻長4.5cm,殻高5cm。〔分布〕房総半島から九州、朝鮮半島、中国大陸南岸。潮間帯下部から水深20mの砂泥底に生息。

瀬田蜆　せたしじみ
二枚貝綱マルスダレガイ目シジミ科の二枚貝。〔季語〕春。

土負蜆　どぶしじみ

紅樹蜆　ひるぎしじみ

真蜆　ましじみ
二枚貝綱マルスダレガイ目シジミ科の二枚貝。〔季語〕春。

紫蜆　むらさきしじみ
〔季語〕春。

大和蜆　やまとしじみ
二枚貝綱マルスダレガイ目シジミ科の二枚貝。殻長4cm,殻高3.5cm。〔分布〕本州から九州。河口の汽水域の砂底に生息。〔季語〕春。

〔239〕蜑

蜑小舟貝[3]　あまおぶねがい
腹足綱原始腹足目アマオブネガイ科の巻貝。殻長1〜2cm。〔分布〕房総半島、山口県北部以南。岩礁域潮間帯に生息。

蜑貝[7]　あまがい
腹足綱原始腹足目アマオブネガイ科の巻貝。殻の厚い半円形の貝。殻長1〜1.5cm。〔分布〕本州以南。やや内湾的な岩礁,潮間帯上部に生息。

〔240〕蜊

蜊蛄[11]　ざりがに
〔季語〕夏。普通にはアメリカざりがにを指していう。

〔241〕蛽

蛽　ばい
軟体動物門腹足綱新腹足目エゾバイ科の巻貝。殻長7cm。〔分布〕北海道南部から九州、朝鮮半島。水深約10mの砂底に生息。また、日本海方面のエゾバイ科の食用種の総称。

蝦夷蛽　えぞばい

越中蛽　えっちゅうばい

大越中蛽　おおえっちゅうばい

更紗蛽　さらさばい

白糸巻蛽　しらいとまき,しらいとまきばい

津蛽　つばい

〔242〕蜘

蜘蛛海星[12]　くもひとで
棘皮物の現在5綱中の一つ。

〔243〕蜷

蜷　にな
軟体動物門腹足綱に属する貝類の

虫部（蝲, 蝦, 蛸, 螠, 蟶）

うち、比較的細長いグループの総称。カワニナやウミニナなどのような細長い小型の巻貝の総称。

磯蜷　いそにな
海蜷　うみにな
川蜷　かわにな
洞穴微塵蜷　ほらあなみじんにな
大和川蜷　やまとかわにな

〔244〕蝲

[11]蝲蛄　ざりがに

軟甲綱十脚目長尾亜目ザリガニ科のザリガニ。日本固有の種。体長70mm。〔分布〕北海道日高山脈以南、青森県、秋田県、岩手県の渓流。

〔245〕蝦

[6]蝦夷蛽　えぞばい

腹足綱新腹足目エゾバイ科の巻貝。殻長5cm。〔分布〕東北地方以北、サハリン。潮間帯の岩礁に生息。

[11]蝦蛄　しゃこ

節足動物門軟甲綱口脚目シャコ科の海産動物。体長120mm。〔季語〕夏。蝦や蟹に似て平べったく、青灰色で脚に刺がある。天ぷらや酢の物などにする。

穴蝦蛄　あなじゃこ
尻太蝦蛄　しりぶとしゃこ
筋尾蝦蛄　すじおしゃこ
棘蝦蛄　とげしゃこ
虎斑蝦蛄　とらふしゃこ
花蝦蛄　はなしゃこ
太指蝦蛄　ふとゆびしゃこ

〔246〕蛸

[12]蛸蜞　がざみ

節足動物門軟甲綱十脚目ワタリガニ科ガザミ属のカニ。

蛇の目蛸蜞　じゃのめがざみ
台湾蛸蜞　たいわんがざみ
鋸蛸蜞　のこぎりがざみ
目長蛸蜞　めなががざみ

〔247〕螠

螠　ゆむし

ユムシ動物門ユムシ科の水生動物。体幹30cm。〔分布〕ロシア共和国の日本海沿岸、北海道から九州および朝鮮、山東半島。

北螠　きたゆむし
真田螠　さなだゆむし
緑螠　みどりゆむし

〔248〕蟶

[7]蟶貝　まてがい

二枚貝綱マルスダレガイ目マテガイ科の二枚貝。殻長11cm, 殻高1.2cm。〔分布〕北海道南西部から九州、朝鮮半島、中国大陸沿岸。潮間帯中部の砂底に深く潜る。

赤蟶貝　あかまてがい
蝦夷蟶貝　えぞまてがい
大蟶貝　おおまてがい
擬蟶貝　まてがいもどき

難読/誤読 魚介類漢字よみかた辞典　55

行部（行）衣部（衣，褄）西部（西）見部（親）角部（角）

部首6画《行部》

[249] 行

⁶行灯水母　あんどんくらげ

刺胞動物門立方クラゲ目アンドンクラゲ科の水生動物。クラゲ傘高3.5cm。〔分布〕日本各地。〔季語〕夏。

部首6画《衣部》

[250] 衣

⁸衣垂貝　きぬたれがい

二枚貝綱キヌタレガイ目キヌタレガイ科の二枚貝。殻長1cm。〔分布〕北海道南部から九州。潮間帯から水深約20mの砂泥底に生息。

[251] 褄

¹¹褄黒鰍　つまぐろかじか

硬骨魚綱カサゴ目カジカ亜目カジカ科ツマグロカジカ属の魚。全長30cm。〔分布〕北日本～沿海州、樺太。水深50～100mの砂礫底に生息。

部首6画《両部》

[252] 西

⁹西施舌　みるくい

〔季語〕春。バカガイ科の大型の二枚貝。

¹⁰西姫鯛　ももいろひめだい

硬骨魚綱スズキ目フエダイ科の魚。体長9.4～14cm。

部首7画《見部》

[253] 親

¹³親睨　おやにらみ

スズキ目スズキ亜目ケツギョ科オヤニラミ属の魚。全長9cm。〔分布〕南日本、東限、淀川上流保津川（太平洋側）、由良川（日本海側）、朝鮮半島南部。水の澄んだ流れのゆるい小川や溝に生息。絶滅危惧IB類。

部首7画《角部》

[254] 角

⁵角出　つのだし

硬骨魚綱スズキ目ニザダイ亜目ツノダシ科ツノダシ属の魚。全長18cm。〔分布〕千葉県以南～インド・太平洋。岩礁・サンゴ礁域に生息。

言部（諸）豕部（象）貝部（貝, 貽）　　　　　　　　　　　　〔258〕

[7]角貝　つのがい
掘足綱ツノガイ目ゾウゲツノガイ科の軟体動物。殻長10cm。〔分布〕北海道を除く日本各地。水深30～500mの細砂底に生息。
- 浮角貝　うきづのがい
- 鬼の角貝　おにのつのがい
- 口切角貝　くちきれつのがい
- 三角貝　さんかくがい
  軟体動物門二枚貝綱サンカクガイ科に属する二枚貝の総称。
- 新三角貝　しんさんかくがい
- 象牙角貝　ぞうげつのがい
- 錦角貝　にしきつのがい
- 丸角貝　まるつのがい
- 水色角貝　みずいろつのがい
- 八角角貝　やかどつのがい
  掘足綱ツノガイ目ゾウゲツノガイ科の軟体動物。殻長6cm。〔分布〕北海道南部以南、熱帯インド・西太平洋域。潮間帯下部から水深約100mまでの細砂底に生息。

部首7画《言部》

〔255〕諸

[3]諸子　もろこ
コイ科の魚の一部をさす俗称。〔季語〕春。コイ科のモロコ属に属する淡水魚。
- 糸諸子　いともろこ
- 高麗諸子　こうらいもろこ
- 田諸子　たもろこ
- 出目諸子　でめもろこ
- 本諸子　ほんもろこ
- 諸子魚　もろこ, もろこうお

〔季語〕春。コイ科のモロコ属に属する淡水魚。
- 諸子鮠　もろこはえ
  〔季語〕春。コイ科のモロコ属に属する淡水魚。

部首7画《豕部》

〔256〕象

[7]象貝　きさがい
二枚貝綱マルスダレガイ目キサガイ科の二枚貝。殻長1.5cm, 殻高2cm。〔分布〕房総半島、能登半島からインドネシア、北オーストラリア。水深5～50mの砂底に生息。

部首7画《貝部》

〔257〕貝

[10]貝被　かいかむり
軟甲綱十脚目短尾亜目カイカムリ科カイカムリ属のカニ。甲幅10cm。

[12]貝割　かいわり
スズキ目スズキ亜目アジ科カイワリ属の魚。側線部にぜんごと呼ばれる楯鱗をもつ。全長15cm。〔分布〕南日本、インド・太平洋域、イースター島。沿岸の200m以浅の下層に生息。

〔258〕貽

[7]貽貝　いがい
二枚貝綱イガイ科の二枚貝。外洋

難読/誤読 魚介類漢字よみかた辞典　57

に面した岩磯に群がってつく黒色の貝。殻長15cm、殻幅6cm。〔分布〕北海道～九州。潮間帯から水深20mの岩礁に生息。〔季語〕春。

部首7画《赤部》

〔259〕赤

赤太刀 あかたち
スズキ目アカタチ科アカタチ属の魚。全長40cm。〔分布〕南日本各地。大陸棚砂泥底に生息。

赤玉頭 あかたまがしら
スズキ目スズキ亜目イトヨリダイ科タマガシラ属の魚。全長10cm。〔分布〕房総半島以南の太平洋岸、土佐湾、琉球列島～台湾、フィリピン、インドネシア、アンダマン湾、スリランカ、紅海～南アフリカ。水深50～100mの岩礁域、砂泥底に生息。

赤舌平目 あかしたびらめ
カレイ目ウシノシタ科イヌノシタ属の魚。体長25cm。〔分布〕南日本、黄海～南シナ海。水深20～70mの砂泥底に生息。

赤舌鮃 あかしたびらめ
カレイ目ウシノシタ科イヌノシタ属の魚。体長25cm。〔分布〕南日本、黄海～南シナ海。水深20～70mの砂泥底に生息。

赤舌鰈 あかしたびらめ
カレイ目ウシノシタ科イヌノシタ属の魚。体長25cm。〔分布〕南日本、黄海～南シナ海。水深20～70mの砂泥底に生息。

赤波馬駄 あかなまだ
アカマンボウ目アカナマダ科アカナマダ属の魚。体長2m。〔分布〕相模湾～鹿児島県沖、高知県沖、山口県沖、太平洋と大西洋の暖海域。沖合に生息。

赤海楊 あかやぎ
刺胞動物門ヤギ目フタヤギ科アカヤギ属の海産動物。ポリプ高さ約1mm。〔分布〕相模湾以南のインド-西太平洋。

赤海鼠 あかこ
〔季語〕冬。ナマコの一種。

赤蛇尾 あかくもひとで
棘皮動物門クモヒトデ綱閉蛇尾目フサクモヒトデ科の水生生物。盤の直径30mm。〔分布〕インド-西太平洋全域、日本では房総半島以西の太平洋岸。

赤魚 あかうお
スズキ目ハゼ亜目ハゼ科アカウオ属の魚。体長8cm。〔分布〕新潟県・愛知県～長崎県・宮崎県、朝鮮半島、中国、台湾、インド・西太平洋。内湾の軟泥中に生息。〔季語〕春。ウグイの別称。

赤魚鯛 あこうだい
カサゴ目カサゴ亜目フサカサゴ科

足部（䟠）車部（車, 輪）辛部（辛）辵部（逆）

メバル属の魚。体長60cm。〔分布〕青森県～静岡県。深海の岩礁に生息。

部首7画 《足部》

〔260〕䟠

䟠魚　かえるあんこう[11]

アンコウ目カエルアンコウ亜目カエルアンコウ科カエルアンコウ属の魚。全長10cm。〔分布〕南日本、東部太平洋を除く全世界の温・熱帯域。沿岸の水深219m以浅の砂底または砂泥底に生息。

䟠蟹　ざりがに[19]

軟甲綱十脚目長尾亜目ザリガニ科のザリガニ。日本固有の種。体長70mm。〔分布〕北海道日高山脈以南、青森県、秋田県、岩手県の渓流。

部首7画 《車部》

〔261〕車

車貝　くるまがい[7]

腹足綱異旋目クルマガイ科の軟体動物。殻幅6cm。〔分布〕房総半島以南、熱帯インド・西太平洋域。水深10～150m, 砂底に生息。

車螯貝　しゃごうがい[17]

二枚貝綱マルスダレガイ目シャコガイ科の二枚貝。殻長40cm, 殻高27cm。〔分布〕沖縄からミクロネシア、メラネシア、北オーストラリア。サンゴ礁の浅海に生息。

〔262〕輪

輪紋蛇尾　わもんくもひとで[10]

棘皮動物門クモヒトデ綱閉蛇尾目クシノハクモヒトデ科の海産動物。盤の直径31mm。〔分布〕インド・西太平洋全域、日本では奄美諸島。

部首7画 《辛部》

〔263〕辛

辛螺　にし[17]

軟体動物門腹足綱に属する巻き貝のうち、主としてアッキガイ科の種を中心につけられた俗称。おもにアクキガイ科の、食べると辛い貝の総称。
赤辛螺　あかにし
疣辛螺　いぼにし
沖辛螺　おきにし
天狗辛螺　てんぐにし
長辛螺　ながにし
〔季語〕夏。

部首7画 《辵部》

〔264〕逆

逆鯰　さかさなまず[19]

ナマズ目サカサナマズ科の魚。全長10cm。〔分布〕コンゴ川。

難読/誤読 魚介類漢字よみかた辞典　59

[265] 追

³追川　おいかわ
〔季語〕夏。ヤマメの別称。

⁸追河　おいかわ
コイ目コイ科オイカワ属の魚。全長12cm。〔分布〕関東以西の本州、四国の瀬戸内海側、九州の北部〜朝鮮半島西岸、中国大陸東部。河川の中・下流の緩流域とそれに続く用水,清澄な湖沼に生息。

[266] 過

⁹過背金龍　かはいきんりゅう
オステオグロッスム目オステオグロッスム科スクレロパゲス属の熱帯魚アジア・アロワナのゴールデンタイプ。体長60cm。〔分布〕マレーシア、インドネシア。

部首7画《邑部》

[267] 那

⁵那辺加　なべか
硬骨魚綱スズキ目ギンポ亜目イソギンポ科ナベカ属の魚。全長6.5cm。〔分布〕北海道南部以南から九州南部、朝鮮半島南部、山東半島。岩礁性海岸,タイドプールに生息。

部首7画《酉部》

[268] 酸

¹⁵酸漿貝　ほおずきがい
触手動物門腕足綱有関節亜綱の海産動物の総称。

[269] 醬

¹⁵醬蝦　あみ
節足動物門甲殻綱アミ目に属する水生小動物の総称。

秋醬蝦　あきあみ
節足動物門軟甲綱十脚目サクラエビ科のエビ。アミの名はあるが、アミの仲間ではない。体長30mm。

沖醬蝦　おきあみ

部首7画《里部》

[270] 重

¹⁸重簪沙蚕　かさねかんざしごかい
環形動物門多毛綱定在目カンザシゴカイ科のヒドロイデス属の海産動物の総称。

金部(金, 針, 鈍)

部首8画《金部》

〔271〕金

⁴金戸　かなど
カサゴ目カサゴ亜目ホウボウ科カナガシラ属の魚。全長20cm。〔分布〕南日本、東シナ海。水深70〜280mに生息。

⁶金米糖　こんぺいとう
カサゴ目カジカ亜目ダンゴウオ科イボダンゴ属の魚。体長8cm。〔分布〕日本海、北海道太平洋岸、オホーツク海南部〜ベーリング海、アラスカ湾。水深80〜150m,8月の産卵期には浅海域に生息。

金糸魚　いとより
〔季語〕冬。タイ科の海魚。

⁹金海鼠　きんこ
棘皮動物門ナマコ綱樹手目キンコ科の棘皮動物。体長10〜20cm。〔分布〕茨城県以北。〔季語〕冬。

¹⁰金梅鯛　たかさご
硬骨魚綱スズキ目スズキ亜目フエダイ科クマササハナムロ属の魚。全長20cm。〔分布〕南日本〜西太平洋。岩礁域に生息。

¹¹金魚　きんぶな
コイ目コイ科フナ属の魚。全長12cm。〔分布〕東北地方の太平洋側、関東。河川の中・下流の緩流域とそれに続く用水、浅い池沼の底層に生息。

¹⁶金頭　かながしら
カサゴ目カサゴ亜目ホウボウ科カナガシラ属の魚。体長30cm。〔分布〕北海道南部以南、東シナ海、黄海〜南シナ海。水深40〜340mに生息。〔季語〕冬。中部以南の海にすむホウボウ科の魚で、胸ビレが大きくないもの。

鬼金頭　おにかながしら
棘金頭　とげかながしら

〔272〕針

¹¹針魚　さより, はりお
ダツ目トビウオ亜目サヨリ科サヨリ属の魚。全長40cm。〔分布〕北海道南部以南の日本各地（琉球列島と小笠原諸島を除く）〜朝鮮半島、黄海。沿岸表層に生息。〔季語〕春。

針魚　はりよ
硬骨魚綱トゲウオ目トゲウオ亜目トゲウオ科イトヨ属の魚。全長6cm。〔分布〕岐阜県、三重県（絶滅）、滋賀県、兵庫県（移植）。湧水を水源とした細流や池に生息。絶滅危惧IA類。

水針魚　さより
〔季語〕春。

¹⁵針嘴魚　さより
〔季語〕春。サヨリ科に属する海魚。吸い物やさしみとして美味。

〔273〕鈍

⁵鈍甲　どんこ
硬骨魚綱スズキ目ハゼ亜目ドンコ科ドンコ属の魚。全長15cm。〔分布〕茨城県那珂湊市磯崎、新潟県・

難読/誤読 魚介類漢字よみかた辞典　61

愛知県〜九州。純淡水域に生息。
赤鈍甲　あかどんこ

[274] 鉄

鉄磯巾着　くろがねいそぎんちゃく[17]

刺胞動物門イソギンチャク目ウメボシイソギンチャク科の海産動物。体壁直径3〜5cm。〔分布〕北海道から本州中部、瀬戸内海。

[275] 銀

銀我眼鯵　ぎんがめあじ[7]

スズキ目スズキ亜目アジ科ギンガメアジ属の魚。全長50cm。〔分布〕南日本、インド・太平洋域、東部太平洋。内湾やサンゴ礁など沿岸域に生息。

銀宝　ぎんぽ[8]

スズキ目ゲンゲ亜目ニシキギンポ科ニシキギンポ属の魚。全長15cm。〔分布〕北海道南部から高知・長崎県。潮だまりや潮間帯から水深20mぐらいまでの砂泥底あるいは岩礁域の石の間に生息。

磯銀宝　いそぎんぽ
鰻銀宝　うなぎぎんぽ
苔銀宝　こけぎんぽ
大灘銀宝　だいなんぎんぽ
　硬骨魚綱スズキ目ゲンゲ亜目タウエガジ科ダイナンギンポ属の魚。全長20cm。〔分布〕日本各地、朝鮮半島南部、遼東半島。岩礁域の潮間帯に生息。
大難銀宝　だいなんぎんぽ
錦銀宝　にしきぎんぽ

総銀宝　ふさぎんぽ
房銀宝　ふさぎんぽ
蛇銀宝　へびぎんぽ
倍良銀宝　べらぎんぽ
室蘭銀宝　むろらんぎんぽ

銀河目鯵　ぎんがめあじ

スズキ目スズキ亜目アジ科ギンガメアジ属の魚。全長50cm。〔分布〕南日本、インド・太平洋域、東部太平洋。内湾やサンゴ礁など沿岸域に生息。

銀魚　しらうお[11]

〔季語〕春。シラウオ科の体長十センチほどの小魚で干し魚として美味。

[276] 錘

錘鰤　つむぶり[21]

硬骨魚綱スズキ目スズキ亜目アジ科ツムブリ属の魚。全長80cm。〔分布〕南日本、全世界の温帯・熱帯海域。沖合〜沿岸の表層に生息。

[277] 錣

錣珊瑚　しころさんご[9]

イシサンゴ目シコロサンゴ科シコロサンゴ属のサンゴ。〔分布〕フィリピン、八重山諸島、沖縄諸島、奄美諸島、種子島、土佐清水、天草、串本。

[278] 鎌

鎌切　かまきり[4]

カサゴ目カジカ亜目カジカ科カジ

金部（鑢）長部（長）阜部（阿,陸）

カ属の魚。全長15cm。〔分布〕神奈川県相模川・秋田県雄物川以南。河川の中流域（夏）,下流域・河口域（秋・冬,産卵期）に生息。絶滅危惧II類。

[9] 鎌柄　かまつか
コイ目コイ科カマツカ属の魚。全長15cm。〔分布〕岩手県・山形県以南の本州、四国、九州、長崎県壱岐、朝鮮半島と中国北部。河川の上・中流域に生息。

〔279〕鑢

[5] 鑢石鼈　やすりひざらがい
多板綱新ヒザラガイ目ウスヒザラガイ科の軟体動物。体長4cm。〔分布〕小笠原諸島、韓国、中国大陸の東シナ海沿岸、台湾。潮間帯,潮下帯の転石下に生息。

部首8画《長部》

〔280〕長

[7] 長我侍　なががじ
硬骨魚綱スズキ目ゲンゲ亜目ゲンゲ科ナガガジ属の魚。全長7cm。〔分布〕新潟県までの日本海側、北海道東部、日本海北部、オホーツク海。沿岸の砂泥底、汽水域に生息。

[9] 長海胆　ほんながうに
棘皮動物門ウニ綱エキヌス目ナガウニ科の棘皮動物。殻長径4cm,棘長2cm。〔分布〕奄美・琉球諸島・小笠原以南、インド洋、西大西洋。

部首8画《阜部》

〔281〕阿

[1] 阿乙呉　あいご
スズキ目ニザダイ亜目アイゴ科アイゴ属の魚。全長20cm。〔分布〕山陰・下北半島以南、琉球列島、台湾、フィリピン、西オーストラリア。岩礁域,藻場に生息。

[10] 阿候鯛　あこうだい
カサゴ目カサゴ亜目フサカサゴ科メバル属の魚。体長60cm。〔分布〕青森県〜静岡県。深海の岩礁に生息。

[12] 阿葉茶　あばちゃん
カサゴ目カジカ亜目クサウオ科スイショウウオ属の魚。全長20cm。〔分布〕本州北部、北海道太平洋岸、日本海、オホーツク海南部、タタール海峡。水深60〜375mに生息。

〔282〕陸

[2] 陸丁字　おかちょうじがい
腹足綱有肺亜綱柄眼目オカクチキレガイ科の陸生貝類。

[6] 陸耳貝　おかみみがい
腹足綱有肺亜綱柄眼目オオミミガイ科の軟体動物。殻長25mm。〔分布〕三河湾、瀬戸内海西部、有明海、中国南部。内湾の潮上帯のアシ原のリター下に生息。

難読/誤読 魚介類漢字よみかた辞典　63

阜部（隠, 障）隹部（雁, 雌）雨部（雨, 雪）

[11] 陸宿借　おかやどかり
節足動物門軟甲綱十脚目オカヤドカリ科オカヤドカリ属の甲殻類。その名のとおり陸生のヤドカリで、夏に幼生を海に放つとき以外は海に入らない。甲長38mm。

[283] 隠

[5] 隠田鮫　おんでんざめ
ヨロイザメ目オンデンザメ科オンデンザメ属の魚。全長5～8m。〔分布〕日本の太平洋側、北太平洋。水深2000mまでの深海に生息。

[284] 障

[8] 障泥烏賊　あおりいか
頭足綱ツツイカ目ジンドウイカ科のイカ。外套長45cm。〔分布〕北海道南部以南、インド・西太平洋。温・熱帯沿岸から近海域に生息。

部首8画《隹部》

[285] 雁

[5] 雁甲蠃　がんがぜ
棘皮動物門ウニ綱ガンガゼ目ガンガゼ科の海産動物。殻の直径6～7cm。〔分布〕房総半島・相模湾以南、インド-西太平洋海域。

[13] 雁鼓　がんこ
カサゴ目カジカ亜目ウラナイカジカ科ガンコ属の魚。全長30cm。〔分布〕銚子、島根県以北～アラスカ湾。水深20～800mに生息。

[14] 雁雑鮃　がんぞうびらめ
カレイ目ヒラメ科ガンゾウビラメ属の魚。体長35cm。〔分布〕南日本以南～南シナ海。水深30m以浅に生息。

[15] 雁瘡鮃　がんぞうびらめ
カレイ目ヒラメ科ガンゾウビラメ属の魚。体長35cm。〔分布〕南日本以南～南シナ海。水深30m以浅に生息。

[286] 雌

[18] 雌鯒　めごち
硬骨魚綱カサゴ目カサゴ亜目コチ科メゴチ属の魚。全長30cm。〔分布〕南日本、東シナ海、黄海。内湾から水深100mの砂泥底に生息。

部首8画《雨部》

[287] 雨

[8] 雨虎　あめふらし
腹足綱後鰓亜綱アメフラシ目アメフラシ科の軟体動物。殻が著しく退化した黒いナメクジ型の貝。体長30cm。〔分布〕本州、九州、四国から中国。春季, 海岸の岩れき地の海藻の間に生息。

[288] 雪

[11] 雪魚　たら
硬骨魚綱タラ目タラ科マダラ属の魚。全長60cm。〔分布〕朝鮮半島

64　難読/誤読 魚介類漢字よみかた辞典

雨部（雲,雷,霰） 青部（青） 非部（非） 面部（面）

周辺〜北米カリフォルニア州サンタ・モニカ湾までの北緯34度以北の北太平洋。大陸棚および大陸棚斜面域に生息。〔季語〕冬。北日本の主に深海にすむ魚で、漁期は十一月〜三月ごろ。

〔289〕雲

⁵雲母貝 きららがい

二枚貝綱クルミガイ目クルミガイ科の二枚貝。殻長1.7cm, 殻幅9.5mm。〔分布〕北海道から本州東北と日本海。水深5〜200mの泥底に生息。

¹¹雲雀貝 ひばりがい

二枚貝綱イガイ目イガイ科の二枚貝。殻長3.9cm, 殻幅16mm。〔分布〕陸奥湾から九州。潮間帯から水深20mまでの岩礁に生息。

〔290〕雷

¹¹雷魚 はたはた

〔季語〕冬。東北地方近海に多いハタハタ科の魚。

〔291〕霰

¹¹霰魚 あられうお

〔季語〕冬。カクブツの別称、霰が降ると腹を上にして泳ぎ、腹を霰にうたせるといわれていることから。

部首8画《青部》

〔292〕青

¹¹青魚 あおうお

コイ目コイ科アオウオ属の魚。全長20cm。〔分布〕アジア大陸東部原産。ソウギョ種苗に混じて移殖され、利根川・江戸川水系。大河川の下流の緩流域、平野部の浅い湖沼, 池, 堀割に生息。

青魚 にしん

〔季語〕春。イワシ科に属する寒海魚。

部首8画《非部》

〔293〕非

⁷非売知 ひめじ

スズキ目ヒメジ科ヒメジ属の魚。〔分布〕日本各地、インド・西太平洋域。沿岸の砂泥底に生息。スズキ目ヒメジ科の海産魚の総称。

翁比売知 おきなひめじ

部首9画《面部》

〔294〕面

⁸面長小人鮫 つらながこびとざめ

ヨロイザメ目ヨロイザメ科ツラナガコビトザメ属の魚。全長20cm。〔分布〕相模湾〜東シナ海、台湾、

フィリピン。大陸棚縁辺の深海域に生息。

部首9画《革部》

〔295〕靱

靱　うつぼ
ウナギ目ウナギ亜目ウツボ科ウツボ属の魚。全長70cm。〔分布〕琉球列島を除く南日本、慶良間諸島(稀)。沿岸岩礁域に生息。また、硬骨魚綱ウナギ目ウツボ科の総称。

部首9画《風部》

〔296〕風

[10]**風流魚　ふうりゅううお**
硬骨魚綱アンコウ目アカグツ亜目アカグツ科フウリュウウオ属の魚。体長9cm。〔分布〕南日本の太平洋側、東シナ海、フィリピン、アンダマン諸島。水深200〜730mに生息。

輪抜風流魚　わぬけふうりゅううお

部首9画《飛部》

〔297〕飜

[7]**飜車魚　まんぼう**
硬骨魚綱フグ目フグ亜目マンボウ科マンボウ属の魚。全長50cm。〔分布〕北海道以南〜世界中の温帯・熱帯海域。外洋の主に表層に生息。

部首9画《食部》

〔298〕飯

[13]**飯蛸　いいだこ**
頭足綱八腕形目マダコ科の軟体動物。体長30cm。〔分布〕北海道南部以南、日本全国から朝鮮半島南部、中国沿岸。浅海底に生息。〔季語〕春。

部首9画《香部》

〔299〕香

[11]**香魚　あゆ，こうぎょ**
サケ目アユ科アユ属の魚。全長15cm。〔分布〕北海道西部以南から南九州までの日本各地、朝鮮半島〜ベトナム北部。河川の上・中流域、清澄な湖、ダム湖に生息。岩盤や礫底の瀬や淵を好む。〔季語〕夏。

部首10画《馬部》

〔300〕馬

[2]**馬刀貝　まてがい**
二枚貝綱マルスダレガイ目マテガイ科の二枚貝。殻長11cm、殻高1.2cm。〔分布〕北海道南西部から九州、朝鮮半島、中国大陸沿岸。潮間帯中部の砂底に深く潜る。〔季語〕春。マテガイ科の二枚貝。食

馬部（駄）高部（高）髟部（鬢）

用として美味。
赤馬刀貝　あかまてがい
蝦夷馬刀貝　えぞまてがい
大馬刀貝　おおまてがい
擬馬刀貝　まてがいもどき

[7] **馬尾藻苔虫　ほんだわらこけむし**
触手動物門櫛口目フクロコケムシ科の海産小動物。全長1m。〔分布〕関東地方以南。

[9] **馬面剥　うまづらはぎ**
フグ目フグ亜目カワハギ科ウマヅラハギ属の魚。全長25cm。〔分布〕北海道以南、東シナ海、南シナ海、南アフリカ。沿岸域に生息。

[12] **馬蛤貝　まてがい**
〔季語〕春。マテガイ科の二枚貝。食用として美味。

[16] **馬頭鯛　まとうだい**
マトウダイ目マトウダイ亜目マトウダイ科マトウダイ属の魚。全長30cm。〔分布〕本州南部以南～インド・太平洋域。水深100～200mに生息。

[17] **馬鮫魚　さわら**
〔季語〕春。マグロ科に近いサワラ科の魚。

〔301〕駄

[9] **駄津　だつ**
硬骨魚綱ダツ目トビウオ亜目ダツ科ダツ属の魚。全長1m。〔分布〕北海道日本海沿岸以南・北海道太平洋岸以南の日本各地（琉球列島、小笠原諸島を除く）～沿岸州、朝鮮半島、中国東シナ海沿岸の西部北太平洋の温帯域。沿岸表層に生息。

部首10画《高部》

〔302〕高

[10] **高倉竜　たかくらたつ**
硬骨魚綱ヨウジウオ目ヨウジウオ亜目ヨウジウオ科タツノオトシゴ属の魚。全長12cm。〔分布〕南日本、韓国、インド洋東部～西部太平洋の熱帯域。沿岸浅所の岩礁域あるいはその付近の砂底または礫底に生息。

[11] **高部　たかべ**
硬骨魚綱スズキ目タカベ科タカベ属の魚。全長15cm。〔分布〕本州中部～九州の太平洋岸。沿岸域の岩礁地帯の中層に生息。

部首10画《髟部》

〔303〕鬢

[8] **鬢長　びんなが**
硬骨魚綱スズキ目サバ亜目サバ科マグロ属の魚。体長1m。〔分布〕日本近海（日本海には稀）～世界中の亜熱帯・温帯海域。外洋の表層に生息。

部首10画《鬼部》

[304] 鬼

鬼頭魚 しいら
〔季語〕夏。シイラ科に属する沖魚。夏が美味で、塩乾品などにする。

部首11画《魚部》

[305] 魚方

魴鮄 ほうぼう
硬骨魚綱カサゴ目カサゴ亜目ホウボウ科ホウボウ属の魚。全長25cm。〔分布〕北海道南部以南、黄海・渤海～南シナ海。水深25～615mに生息。〔季語〕冬。中部以南の海にすむホウボウ科の魚。
黄魴鮄　きほうぼう
黒点魴鮄　こくてんほうぼう
蟬魴鮄　せみほうぼう
底魴鮄　そこほうぼう

[306] 鮀

鮀 わかさぎ
〔季語〕春。ワカサギ科の海魚、からあげなどにして美味。

[307] 魳

魳 かます
カマス科の魚の一般的な総称。
赤魳　あかかます
大魳　おおかます

鬼魳 おにかます
魳鰆 かますさわら
スズキ目サバ亜目サバ科カマスサワラ属の魚。全長80cm。〔分布〕南日本～世界中の温・熱帯海域。表層に生息。
魳倍良 かますべら
スズキ目ベラ亜目ベラ科カマスベラ属の魚。全長20cm。〔分布〕千葉県、富山県以南～インド・中部太平洋。藻場域に生息。
黒大刀魳　くろたちかます
氷魳　こおりかます
元魳　もとかます
大和魳　やまとかます

魳倍良 かますべら
スズキ目ベラ亜目ベラ科カマスベラ属の魚。全長20cm。〔分布〕千葉県、富山県以南～インド・中部太平洋。藻場域に生息。

魳鰆 かますさわら
スズキ目サバ亜目サバ科カマスサワラ属の魚。全長80cm。〔分布〕南日本～世界中の温・熱帯海域。表層に生息。

[308] 鮂

鮂 いさざ
スズキ目ハゼ亜目ハゼ科ウキゴリ属の魚。全長7cm。〔分布〕霞ヶ浦、相模湖、琵琶湖。絶滅危惧IA類。〔季語〕冬。ハゼ科の水魚で、琵琶湖およびこれに注ぐ川に生息。

[309] 魳

魳 かます
カマス科の魚の一般的な総称。

魚部（魳,鮊）

青魳　あおかます
赤魳　あかかます
大籠魳　おおかごかます
大魳　おおかます
鬼魳　おにかます
籠魳　かごかます
魳鰆　かますさわら
　スズキ目サバ亜目サバ科カマスサワラ属の魚。全長80cm。〔分布〕南日本〜世界中の温・熱帯海域。表層に生息。
魳倍良　かますべら
　スズキ目ベラ亜目ベラ科カマスベラ属の魚。全長20cm。〔分布〕千葉県、富山県以南〜インド・中部太平洋。藻場域に生息。
魳遍羅　かますべら
　スズキ目ベラ亜目ベラ科カマスベラ属の魚。全長20cm。〔分布〕千葉県、富山県以南〜インド・中部太平洋。藻場域に生息。
黒之比魳　くろしびかます
　スズキ目サバ亜目クロタチカマス科クロシビカマス属の魚。体長43cm。〔分布〕南日本太平洋側、インド・西太平洋・大西洋の暖海域。大陸棚縁辺から斜面域に生息。
黒鮪魳　くろしびかます
　スズキ目サバ亜目クロタチカマス科クロシビカマス属の魚。体長43cm。〔分布〕南日本太平洋側、インド・西太平洋・大西洋の暖海域。大陸棚縁辺から斜面域に生息。
黒鴟尾魳　くろしびかます
　スズキ目サバ亜目クロタチカマス科クロシビカマス属の魚。体長43cm。〔分布〕南日本太平洋側、インド・西太平洋・大西洋の暖海域。大陸棚縁辺から斜面域に生息。

元魳　もとかます
大和魳　やまとかます

魳倍良[10]　かますべら
　スズキ目ベラ亜目ベラ科カマスベラ属の魚。全長20cm。〔分布〕千葉県、富山県以南〜インド・中部太平洋。藻場域に生息。

魳遍羅[12]　かますべら
　スズキ目ベラ亜目ベラ科カマスベラ属の魚。全長20cm。〔分布〕千葉県、富山県以南〜インド・中部太平洋。藻場域に生息。

魳鰆[20]　かますさわら
　スズキ目サバ亜目サバ科カマスサワラ属の魚。全長80cm。〔分布〕南日本〜世界中の温・熱帯海域。表層に生息。

〔310〕鮊

鮊　もろこ
　コイ科の魚の一部をさす俗称。

〔311〕鮎

鮎並[8]　あいなめ
　カサゴ目カジカ亜目アイナメ科アイナメ属の魚。全長30cm。〔分布〕日本各地、朝鮮半島南部、黄海。浅海岩礁域に生息。〔季語〕夏。
兎鮎並　うさぎあいなめ

鮎魚女[11]　あいなめ
　カサゴ目カジカ亜目アイナメ科アイナメ属の魚。全長30cm。〔分布〕日本各地、朝鮮半島南部、黄海。浅海岩礁域に生息。

難読/誤読 魚介類漢字よみかた辞典　69

兎鮎魚女　うさぎあいなめ
カサゴ目カジカ亜目アイナメ科アイナメ属の魚。全長35cm。〔分布〕北海道～日本海北部、オホーツク海、ベーリング海。浅海岩礁域に生息。

鮎魚並　あいなめ
カサゴ目カジカ亜目アイナメ科アイナメ属の魚。全長30cm。〔分布〕日本各地、朝鮮半島南部、黄海。浅海岩礁域に生息。

〔312〕鮃

鮃　ひらめ
硬骨魚綱カレイ目ヒラメ科ヒラメ属の魚。全長45cm。〔分布〕千島列島以南～南シナ海。水深10～200mの砂底に生息。〔季語〕冬。ヒラメ科の海魚で、冬が旬。

赤舌鮃　あかしたびらめ
〔季語〕夏。舌鮃の種類で、夏が旬。

糸引雁雑鮃　いとひきがんぞうびらめ
大鮃　おひょう
雁雑鮃　がんぞうびらめ
雁瘡鮃　がんぞうびらめ
苔鮃　こけびらめ
舌鮃　したびらめ
硬骨魚綱カレイ目ウシノシタ亜目の総称。ウシノシタ科に属する魚類の総称。外国で珍重される。〔季語〕夏。

赤道鮃　せきどうびらめ
玉雁瘡鮃　たまがんぞうびらめ
夏鮃　なつびらめ

〔313〕鮑

鮑　あわび
軟体動物門腹足綱ミミガイ科に属する巻き貝のうち、とくに食用に供されるような大形種の総称。ミミガイ科の貝の総称。〔季語〕夏。

〔314〕鯘

鯘　このしろ
ニシン目ニシン科コノシロ属の魚。全長17cm。〔分布〕新潟県、松島湾以南～南シナ海北部。内湾性で、産卵期には汽水域に回遊。

鮗　ひいらぎ
硬骨魚綱スズキ目スズキ亜目アジ科ヒイラギ属の魚。発光器をもつことでよく知られている。全長5cm。〔分布〕琉球列島を除く南日本、台湾、中国沿岸。沿岸浅所～河川汽水域に生息。

沖鮗　おきひいらぎ
背高鮗　せいたかひいらぎ
燕鯘　つばめこのしろ

〔315〕鮊

³鮊子　いかなご
スズキ目ワニギス亜目イカナゴ科イカナゴ属の魚。体長25cm。〔分布〕沖縄を除く日本各地、朝鮮半島。内湾の砂底に生息。砂に潜って夏眠する。〔季語〕春。

〔316〕鮋

鮋　かさご
カサゴ目カサゴ亜目メバル科カサ

魚部（鮟,鮠,鮴,鮊,鯎,鯊）

浮鮴　うきごり

[320] 鮊

鮊　えそ
エソ科の魚類の総称。マエソ・アカエソ・オキエソなどがある。
〔季語〕夏。

赤鮊　あかえそ

[321] 鯎

鯎　うぐい
コイ目コイ科ウグイ属の魚。全長15cm。〔分布〕北海道、本州、四国、九州、および近隣の島嶼。河川の上流域から感潮域,内湾までに生息。

蝦夷鯎　えぞうぐい

桜鯎　さくらうぐい
　〔季語〕春。桜の咲くころとれるウグイ。

[322] 鯊

鯊　はぜ
スズキ目ハゼ科とカワアナゴ科に属する魚の総称。〔季語〕秋。

赤鯊　あかはぜ
　〔季語〕秋。鯊の一種。

穴鯊　あなはぜ

洞鯊　うろはぜ
　スズキ目ハゼ亜目ハゼ科ウロハゼ属の魚。全長10cm。〔分布〕新潟県・茨城県〜九州、種子島、中国、台湾。汽水域に生息。

黒鯊　くろはぜ
　〔季語〕秋。

数珠掛鯊　じゅずかけはぜ

飛鯊　とびはぜ
　〔季語〕秋。

ゴ属の魚。全長20cm。〔分布〕北海道南部以南〜東シナ海。沿岸の岩礁に生息。

[317] 鮟

鮟鱇　あんこう
アンコウ目アンコウ亜目アンコウ科アンコウ属の魚。全長30cm。〔分布〕北海道以南、東シナ海、フィリピン、アフリカ。水深30〜500mに生息。〔季語〕冬。

[318] 鮠

鮠　はえ
　〔季語〕夏、春。オイカワの別称。

鮠　はや
　ウグイの東日本での方言。

赤鮠　あかはえ
　〔季語〕夏。

油鮠　あぶらはや

寒鮠　かんばや
　〔季語〕冬。

白鮠　しらはえ，しろはえ
　〔季語〕夏。

高鮠　たかはや

諸子鮠　もろこはえ
　〔季語〕春。

柳鮠　やなぎはえ
　〔季語〕春。

[319] 鮴

鮴　ごり
主としてある種の淡水産ハゼ類の地方名で、地方によってその指す種が違ってくる。〔季語〕夏。カジカ科の魚の総称。

難読/誤読 魚介類漢字よみかた辞典　71

魚部（鮹, 鯒, 鮸, 鮎, 鯣, 鯔）

虎鯊　とらはぜ
〔季語〕秋。
鯊口　はぜくち
硬骨魚綱スズキ目ハゼ亜目ハゼ科マハゼ属の魚。全長20～40cm。〔分布〕有明海、八代海、朝鮮半島、中国、台湾。内湾の砂泥底に生息。
真鯊　まはぜ
麦藁鯊　むぎわらはぜ
〔季語〕夏。水戸市・涸沼川で、夏つれるハゼをいう。

〔323〕鮹

鮹　たこ
軟体動物門頭足綱八腕形目に属する動物の総称。〔季語〕夏。
真鮹　まだこ
頭足綱八腕形目マダコ科の軟体動物。体長60cm。〔分布〕常磐と能登半島以南の日本各地。潮間帯から陸棚上部に生息。

〔324〕鯒

鯒　こち
硬骨魚綱カサゴ目コチ科の魚類の総称、またはそのなかの一種。〔季語〕夏。
赤鯒　あかごち
犬鯒　いぬごち
稲鯒　いねごち
姥鯒　うばごち
蜥蜴鯒　とかげごち
滑鯒　ぬめりごち
鼠鯒　ねずみごち
針鯒　はりごち
真鯒　まごち
松葉鯒　まつばごち

雌鯒　めごち
女鯒　めごち
嫁鯒　よめごち
鰐鯒　わにごち

〔325〕鮸

鮸　にべ
硬骨魚綱スズキ目ニベ科ニベ属の魚。全長40cm。〔分布〕東北沖以南～東シナ海。近海泥底に生息。
大鮸　おおにべ
本鮸　ほんにべ

〔326〕鮎

鮎魚[11]　あめのうお
〔季語〕秋。琵琶湖産のビワマスの成魚。

鯇魚　そうぎょ
コイ目コイ科ソウギョの魚。全長20cm。〔分布〕アジア大陸東部原産。移殖により利根川・江戸川水系。大河川の下流の緩流域、平野部の浅い湖沼、池、堀割に生息。

〔327〕鯣

鯣烏賊[10]　するめいか
頭足綱ツツイカ目アカイカ科のイカ。日本でもっともふつうに食用とする。外套長30cm。〔分布〕日本海・オホーツク海・東シナ海近海。表・中層に生息。

〔328〕鯔

鯔　ぼら
ボラ目ボラ科ボラ属の魚。全長

魚部（鯡, 鯱, 鯰, 鮄, 鯱, 鯥）　　　　　　　　　　　　　　　　　　　　　　〔334〕

40cm。〔分布〕北海道以南、熱帯
西アフリカ〜モロッコ沿岸を除く
全世界の温・熱帯域。河川汽水域
〜淡水域の沿岸浅所に生息。
背筋鯔　せすじぼら

〔329〕鯡

鯡　にしん
硬骨魚綱ニシン目ニシン科ニシン
属の魚。全長25cm。〔分布〕北日
本〜釜山、ベーリング海、カリ
フォルニア。産卵期に群れをなし
て沿岸域に回遊する。〔季語〕春。

〔330〕鯱

鯱　しゃち
哺乳綱クジラ目マイルカ科のハク
ジラ。体長5.5〜9.8m。〔分布〕世
界中の全ての海域、特に極地付近。
鯱振　しゃちぶり

〔331〕鯰

鯰　なまず
硬骨魚綱ナマズ目ギギ科ナマズ属
の魚。全長20cm。〔分布〕北海道
南部〜九州、中国東部、朝鮮半島
西岸、台湾。池沼,河川の緩流域,
農業用水の砂泥底に生息。〔季
語〕夏。
岩床鯰　いわとこなまず
逆鯰　さかさなまず
**琵琶湖大鯰　びわこおおな
　まず**

〔332〕鮄

鮄　ほっけ
硬骨魚綱カサゴ目カジカ亜目アイ

ナメ科ホッケ属の魚。全長35cm。
〔分布〕茨城県・対馬海峡以北〜黄
海、沿海州、オホーツク海、千島
列島周辺。水深100m前後の大陸
棚、産卵期には20m以浅の岩礁域
に生息。
北鮄　きたのほっけ

〔333〕鯱

鯱　ちか
硬骨魚綱サケ目キュウリウオ科ワ
カサギ属の魚。全長10cm。〔分
布〕北海道沿岸、陸奥湾、三陸海
岸、朝鮮半島〜カムチャッカ、サ
ハリン、千島列島。内湾の浅海域,
純海産種に生息。

〔334〕鯥

鯥　むつ
硬骨魚綱スズキ目スズキ亜目ムツ
科ムツ属の魚。全長20cm。〔分
布〕北海道以南〜鳥島、東シナ海。
稚魚は沿岸から沖合の表層。幼魚
は沿岸の浅所,成魚は水深200〜
700mの岩礁に生息。〔季語〕冬。
赤鯥　あかむつ
油底鯥　あぶらそこむつ
河鯥　かわむつ
　コイ目コイ科カワムツ属の魚。
　全長13cm。〔分布〕中部地方以
　西の本州、四国、九州、淡路島、
　小豆島、長崎県壱岐、五島列島
　福江島〜朝鮮半島西岸。河川の
　上流から中流にかけての淵や淀
　みに生息。
川鯥　かわむつ
黒鯥　くろむつ
鯥五郎　むつごろう
　硬骨魚綱スズキ目ハゼ亜目ハゼ
　科ムツゴロウ属の魚。全長

難読/誤読 魚介類漢字よみかた辞典　73

13cm。〔分布〕有明海、八代海、朝鮮半島、中国、台湾。内湾の干潟に生息。絶滅危惧IB類。〔季語〕春。

〔335〕鯧

鯧　まながつお

硬骨魚綱スズキ目イボダイ亜目マナガツオ科マナガツオ属の魚。体長60cm。〔分布〕南日本、東シナ海。大陸棚砂泥底に生息。〔季語〕冬。

〔336〕鯳

鯳　すけとうだら

タラ目タラ科スケトウダラ属の魚。全長40cm。〔分布〕山口県、宮城県以北～北日本海、オホーツク海、ベーリング海、北太平洋。0～2000mの表・中層域に生息。タラよりもからだが細いもの。〔季語〕冬。

〔337〕鰍

鰍　かじか

カサゴ目カジカ亜目カジカ科カジカ属の魚。全長10cm。〔分布〕本州、四国、九州北西部。河川上流の石礫底に生息。準絶滅危惧類。〔季語〕秋、夏。カジカ科の淡水魚。

川鰍　かわかじか
〔季語〕夏、秋。カジカ科の魚の総称。

義須鰍　ぎすかじか
カサゴ目カジカ亜目カジカ科ギスカジカ属の魚。体長27cm。〔分布〕東北地方以北～日本海北部・ベーリング海西部。沿岸の藻場・岩礁地帯に生息。

毛虫鰍　けむしかじか
カサゴ目カジカ亜目ケムシカジカ科ケムシカジカ属の魚。全長30cm。〔分布〕東北地方・石川県以北～ベーリング海。やや深海域、但し冬の産卵期は浅海域に生息。

氷鰍　こおりかじか
カサゴ目カジカ亜目カジカ科コオリカジカ属の魚。体長18cm。〔分布〕岩手県・島根県以北～オホーツク海。水深100～300mの砂泥底に生息。

背張鰍　せっぱりかじか

褄黒鰍　つまぐろかじか
硬骨魚綱カサゴ目カジカ亜目カジカ科ツマグロカジカ属の魚。全長30cm。〔分布〕北日本～沿海州、樺太。水深50～100mの砂礫底に生息。

棘鰍　とげかじか
硬骨魚綱カサゴ目カジカ亜目カジカ科ギスカジカ属の魚。体長50cm。〔分布〕岩手県・新潟県以北～日本海北部・アラスカ湾。沖合のやや深み、産卵期には沿岸浅所に生息。

鳥鰍　とりかじか
カサゴ目カジカ亜目トリカジカ科トリカジカ属の魚。全長30cm。〔分布〕相模湾～高知沖。水深500mの砂泥底に生息。

〔338〕鰐

鰐口氷魚[3]　わにぐちこおりうお

硬骨魚綱スズキ目コオリウオ科の魚。体長40cm。

魚部（鰉, 鰓, 鰌, 鰆, 鰈）

[339] 鰉

鰉　ひがい
コイ目コイ科ヒガイ属の魚。全長10cm。〔分布〕濃尾平野、琵琶湖注入河川、京都盆地、山口県を除く山陽地方、九州北西部、長崎県壱岐。河川の中・下流の緩流域とそれに続く用水に生息。準絶滅危惧種。〔季語〕春。体長約十五センチ程度のコイ科の淡水魚。琵琶湖産のものが特に有名。

油鰉　あぶらひがい
川鰉　かわひがい
琵琶鰉　びわひがい

[340] 鰓

鰓尾類　さいびるい
鰓尾亜綱鰓尾亜目の小型甲殻類の総称。

[341] 鰌

鰌　どじょう
硬骨魚綱コイ目ドジョウ科ドジョウ属の魚。全長10cm。〔分布〕北海道～琉球列島、アムール川～北ベトナム、朝鮮半島、サハリン、台湾、海南島、ビルマのイラワジ川。平野部の浅い池沼、田の小溝、流れのない用水の泥底または砂泥底の中に生息。

味女鰌　あじめどじょう
鰌蜉の子　がざみのこ
　〔季語〕夏。ワタリガニ科のカニの子ども。夏に卵からかえる。
縞泥鰌　しまどじょう
縞鰌　しまどじょう
筋縞泥鰌　すじしまどじょう

台湾泥鰌　たいわんどじょう
泥鰌　どじょう
福泥鰌　ふくどじょう
仏泥鰌　ほとけどじょう

[342] 鰆

鰆　さわら
スズキ目サバ亜科サバ科サワラ属の魚。体長1m。〔分布〕南日本。沿岸表層に生息。〔季語〕春。

牛鰆　うしさわら
舒鰆　かますさわら
魳鰆　かますさわら
平鰆　ひらさわら
横縞鰆　よこしまさわら

[343] 鰈

鰈　かれい
一般にカレイ目の魚のうち、カレイ科に属する種類をいう。

赤鰈　あかがれい
浅場鰈　あさばがれい
油鰈　あぶらがれい
荒目鰈　あらめがれい
粗目鰈　あらめがれい
石鰈　いしがれい
馬鰈　うまがれい
鱗鰈　うろこがれい
鱗眼鰈　うろこめがれい
烏鰈　からすがれい
瓦鰈　かわらがれい
紀州達磨鰈　きしゅうだるまがれい
黒頭鰈　くろがしらがれい
黄金鰈　こがねがれい
鮫鰈　さめがれい
城下鰈　しろしたかれい

魚部（鰒, 鰊, 鯎）

〔季語〕夏。大分・日出湾でとれるマコガレイのこと。
砂鰈 すながれい
菫鰈 すみれがれい
達磨鰈 だるまがれい
角鰈 つのがれい
天竺鰈 てんじくがれい
沼鰈 とうがれい
　硬骨魚綱カレイ目カレイ科ツノガレイ属の魚。体長50cm。〔分布〕北海道東北岸〜オホーツク海南部、日本海北部〜タタール海峡。沿岸浅海域〜汽水域に生息。
滑多鰈 なめたがれい
西川鰈 にしかわがれい
沼鰈 ぬまがれい
　硬骨魚綱カレイ目カレイ科ヌマガレイ属の魚。体長40cm。〔分布〕霞ヶ浦・福井県小浜以北〜北米南カリフォルニア岸、朝鮮半島、沿海州。浅海域〜汽水・淡水域に生息。
婆々鰈 ばばがれい
倍呂鰈 べろがれい
坊主鰈 ぼうずがれい
星鰈 ほしがれい
真鰈 まがれい
真子鰈 まこがれい
虫鰈 むしがれい
目痛鰈 めいたがれい
目板鰈 めいたがれい
柳虫鰈 やなぎむしがれい
槍鰈 やりがれい

〔344〕鰒

鰒　あわび
軟体動物門腹足綱ミミガイ科に属する巻き貝のうち、とくに食用に供されるような大形種の総称。ミミガイ科の貝の総称。〔季語〕夏。

鰒　ふぐ
〔季語〕冬。マフグ科の魚。卵巣に激しい毒がある。
鰒節 とこぶし
　〔季語〕春。ミミガイ科の巻貝。アワビに似るが小型。春期美味。
虎鰒 とらふぐ
　硬骨魚綱フグ目フグ亜目フグ科トラフグ属の魚。全長27cm。〔分布〕室蘭以南の太平洋側、日本海西部、黄海〜東シナ海。

鰒節　とこぶし
〔季語〕春。ミミガイ科の巻貝。アワビに似るが小型。春期美味。

〔345〕鰊

鰊　にしん
硬骨魚綱ニシン目ニシン科ニシン属の魚。全長25cm。〔分布〕北日本〜釜山、ベーリング海、カリフォルニア。産卵期に群れをなして沿岸域に回遊する。〔季語〕春。イワシ科に属する寒海魚。
大西洋鰊 たいせいようにしん
鰊群来 にしんくき
　〔季語〕春。産卵期のニシンの大群集。

〔346〕鯎

鯎　うぐい
コイ目コイ科ウグイ属の魚。全長15cm。〔分布〕北海道、本州、四国、九州、および近隣の島嶼。河川の上流域から感潮域、内湾までに生息。

[347] 鯖

鯖　たかべ
硬骨魚綱スズキ目タカベ科タカベ属の魚。全長15cm。〔分布〕本州中部〜九州の太平洋岸。沿岸域の岩礁地帯の中層に生息。

[348] 䱰

䱰　もろ
硬骨魚綱スズキ目スズキ亜目アジ科ムロアジ属の魚。全長23cm。〔分布〕東京以南、インド・太平洋域、東部太平洋の温・熱帯域。沿岸の水深30〜170m中・下層に生息。

尾赤䱰　おあかむろ
熊笹花䱰　くまささはなむろ

[349] 鰙

鰙　わかさぎ
硬骨魚綱サケ目キュウリウオ科ワカサギ属の魚。全長8cm。〔分布〕北海道、東京都・島根県以北の本州。湖沼, ダム湖, 河川の下流域から内湾の沿岸域に生息。

[350] 鰭

鰭　はた
〔季語〕夏。ハタ科に属する魚類の総称。刺身などにして美味。

尾鰭太刀　おびれだち
スズキ目タチウオ科の魚。全長1.5m。

黄鰭　きはだ
スズキ目サバ亜目サバ科マグロ属の魚。全長40cm。〔分布〕日本近海（日本海には稀）、世界中の温・熱帯海域。外洋の表層に生息。

黄鰭　きびれ
〔季語〕夏。スズキ目タイ科の海水海で、体色が淡黒く銀色をおびている。黒鯛。

黄鰭武鯛　きびれぶだい
黄鰭舞鯛　きびれぶだい
小鰭　こはだ
〔季語〕秋。コノシロの通称。

小鰭巨頭　こびれごんどう
総鰭類　そうきるい
硬骨魚綱総鰭亜綱の魚類の総称。

特鰭　とくびれ
硬骨魚綱カサゴ目カジカ亜目トクビレ科トクビレ属の魚。体長40cm。〔分布〕富山湾・宮城県塩釜以北、朝鮮半島東岸、ピーター大帝湾。水深約150m前後の砂泥底に生息。

特鰭鰯　とくびれいわし
鰭貝　ひれがい
鰭黒　ひれぐろ
鰭黒倍良　ひれぐろべら
鰭黒遍羅　ひれぐろべら
鰭黒目抜　ひれぐろめぬけ
鰭小鯛　ひれこだい
鰭硨磲貝　ひれじゃこ
鰭白万歳魚　ひれじろまんざいうお
鰭長剝　ひれながはぎ
鰭長　びんなが
〔季語〕冬。胸鰭の長いマグロの一種。

鰭長　びんなが
〔季語〕冬。胸鰭の長いマグロの一種。

鰭長剝　ひれながはぎ
硬骨魚綱スズキ目ニザダイ亜目

ニザダイ科ヒレナガハギ属の魚。全長20cm。〔分布〕小笠原、相模湾以南～インド・西太平洋。岩礁域に生息。

〔351〕鰮

鰮 いわし
ウルメイワシ類、マイワシ類、カタクチイワシ類などの総称。〔季語〕秋。濃藍色で腹は銀白色、体側に七つ星と俗称される黒点がある魚。秋が旬。

片口鰮（鰯）　かたくちいわし
小鰮鯨　こいわしくじら
関取鰮　せきとりいわし

〔352〕鰤

鰤　ぶり
硬骨魚綱スズキ目スズキ亜目アジ科ブリ属の魚。全長80cm。〔分布〕琉球列島を除く日本各地、朝鮮半島。沿岸の中・下層に生息。〔季語〕冬。ブリ科の回游魚で、出世魚の一つ。

藍鰤　あいぶり
赤鰤　あかぶり
　〔季語〕夏。
大鰤　おおぶり
　〔季語〕冬。ブリの別称。
寒鰤　かんぶり
　〔季語〕冬。冬にとれるブリ。
錘鰤　つむぶり
紡錘鰤　つむぶり
平鰤　ひらまさ
　〔季語〕夏。
鰤擬　ぶりもどき

〔353〕鯔

鯔　ぼら
ボラ目ボラ科ボラ属の魚。全長40cm。〔分布〕北海道以南、熱帯西アフリカ～モロッコ沿岸を除く全世界の温・熱帯域。河川汽水域～淡水域の沿岸浅所に生息。〔季語〕秋。成長の度合とともに名の変わる出世魚の一つ。

寒鯔　かんぼら
　〔季語〕冬。冬になり脂肪ののったボラ。
背筋鯔　せすじぼら
日出鯔　ひのでぼら
　〔季語〕冬。鯔の大物。刺身にすると中の赤身が日の出のように美しい。
真鯔　まぼら
　〔季語〕秋。ボラの中で大形の種類のもの。
目白鯔　めじろぼら
　〔季語〕秋。ボラの異称。

〔354〕鰰

鰰　はたはた
硬骨魚綱スズキ目ワニギス亜目ハタハタ科ハタハタ属の魚。全長12cm。〔分布〕日本海沿岸・北日本、カムチャッカ、アラスカ。水深100～400mの大陸棚砂泥底、産卵期は浅瀬の藻場に生息。〔季語〕冬。

〔355〕鯇

鯇　いとう
サケ目サケ科イトウ属の魚。サケ科の中では他の3属（サケ、ニジマス、イワナ）に比べて原始的であ

魚部（鯇, 鰣, 鰧, 鯵, 鯏, 鱚）

る。全長70cm。〔分布〕北海道、南千島、サハリン、沿海州。湿地帯のある河川の下流域や海岸近くの湖沼に生息。絶滅危惧IB類。

〔356〕鯇

鯇 あら
スズキ目スズキ亜目ハタ科アラ属の魚。体長1メートル以上にもなる褐青色の魚。〔分布〕南日本〜フィリピン。水深100〜140mの大陸棚縁辺部に生息。〔季語〕冬。

〔357〕鰣

鰣 はす
硬骨魚綱コイ目コイ科ハス属の魚。全長10cm。〔分布〕自然分布では琵琶湖・淀川水系、福井県三方湖、移殖により関東平野、濃尾平野、岡山平野の諸河川。大河川の下流の緩流域や平野部の湖沼に生息。絶滅危惧II類。〔季語〕夏。

桁鰣　けたはす
〔季語〕夏。コイ科の魚。琵琶湖、福井県の鰣川に産することから。

小口鰣　こくちばす
スズキ目スズキ亜目サンフィッシュ科オオクチバス属の魚。〔分布〕原産地は北アメリカ。移植され長野県（木崎湖、野尻湖）、福島県（桧原湖）。

〔358〕鰧

鰧 おこぜ
カサゴ科の魚のうちで、ひれのとげに毒をもつものの一般的な総称。

疣鰧　いぼおこぜ
鬼鰧　おにおこぜ
達磨鰧　だるまおこぜ
葉鰧　はおこぜ
花鰧　はなおこぜ
三島鰧　みしまおこぜ

〔359〕鯵

鯵 あじ
硬骨魚綱スズキ目アジ科の魚類の総称。おもな種類に、マアジ・ムロアジ・カイワリ・シマアジ・イトヒキアジなどがある。

棘高鯵　いだかあじ
〔季語〕夏。

〔360〕鯏

鯏 このしろ
ニシン目ニシン科コノシロ属の魚。全長17cm。〔分布〕新潟県、松島湾以南〜南シナ海北部。内湾性で、産卵期には汽水域に回遊。〔季語〕秋。

燕鯏　つばめこのしろ

〔361〕鱚

鱚 きす
〔季語〕夏。キス科に属する魚。晩春から夏にかけて美味。

青鱚　あおぎす
赤虎鱚　あかとらぎす
飴鱚　あめぎす
海鱚　うみぎす
〔季語〕夏。
沖鱚　おきぎす
〔季語〕夏。
沖虎鱚　おきとらぎす
川鱚　かわぎす
〔季語〕夏。鱚の一種。

難読/誤読 魚介類漢字よみかた辞典　79

鞍掛虎鱚　くらかけとらぎす
黒坊主鱚　くろぼうずぎす
白鱚　しろぎす
　スズキ目キス科キス属の魚。全長20cm。〔分布〕北海道南部〜九州、朝鮮半島南部、黄海、台湾、フィリピン。沿岸の砂底に生息。〔季語〕夏。
底鱚　そこぎす
虎鱚　とらぎす
似鱚　にぎす
　ニギス目ニギス亜目ニギス科ニギス属の魚。体長23cm。〔分布〕日本海沿岸、福島県沖以南の太平洋川〜東シナ海。水深70〜430mの砂泥底に生息。
星鱚　ほしぎす
元鱚　もとぎす

〔362〕鱏

鱏　えい
　からだが薄くて鰓孔が腹面にある軟骨魚類の総称。〔季語〕夏。

〔363〕鱓

鱓　うつぼ
　ウナギ目ウナギ亜目ウツボ科ウツボ属の魚。全長70cm。〔分布〕琉球列島を除く南日本、慶良間諸島（稀）。沿岸岩礁域に生息。
網鱓　あみうつぼ
苔鱓　こけうつぼ
虎鱓　とらうつぼ

〔364〕鱖

[11]鱖魚　けつぎょ
　スズキ目スズキ科の魚。体長60cm。

〔365〕鱠

[10]鱠残魚　しらうお
　サケ目シラウオ科シラウオ属の魚。体長9cm。〔分布〕北海道〜岡山県・熊本県、サハリン、沿海州〜朝鮮半島東岸。河川の河口域〜内湾の沿岸域, 汽水湖に生息。

〔366〕鱧

鱧　はも
　硬骨魚綱ウナギ目ウナギ亜目ハモ科ハモ属の魚。全長200cm。〔分布〕福島県以南、東シナ海、黄海、インド・西太平洋域。水深100m以浅に生息。〔季語〕夏。
錫鱧　すずはも
鈴鱧　すずはも

〔367〕鱝

鱝　えい
　からだが薄くて鰓孔が腹面にある軟骨魚類の総称。
糸巻鱝　いとまきえい
雁木鱝　がんぎえい
久慈鱝　くじかすべ
痺鱝　しびれえい
数具鱝　ずぐえい
燕鱝　つばくろえい
飛鱝　とびえい
鋸鱝　のこぎりえい
扁鱝　ひらたえい
斑飛鱝　まだらとびえい
六鰓鱝　むつえらえい
奴鱝　やっこえい

魚部（鱩，鱮，鱭，鱰，鱶）

[368] 鱩

鱩　はたはた
硬骨魚綱スズキ目ワニギス亜目ハタハタ科ハタハタ属の魚。全長12cm。〔分布〕日本海沿岸・北日本、カムチャッカ、アラスカ。水深100～400mの大陸棚砂泥底、産卵期は浅瀬の藻場に生息。

[369] 鱮

鱮　たなご
硬骨魚綱コイ目コイ科タナゴ属の魚。全長6cm。〔分布〕関東地方と東北地方の太平洋側。平野部の浅い湖沼や池、これに連なる用水に生息。水草の茂った浅所を好む。絶滅危惧IB類。

海鱮　うみたなご
スズキ目ウミタナゴ科ウミタナゴ属の魚。全長20cm。〔分布〕北海道中部以南の日本各地沿岸～朝鮮半島南部、黄海。ガラモ場や岩礁域に生息。

沖鱮　おきたなご
スズキ目ウミタナゴ科オキタナゴ属の魚。全長12cm。〔分布〕千葉県以南の日本各地沿岸、朝鮮半島南部。岸近くから沖合に生息。

銭鱮　ぜにたなご
コイ目コイ科タナゴ属の魚。全長5cm。〔分布〕自然分布では神奈川県・新潟県以北の本州、移植により長野県諏訪湖や静岡県天竜川。平野部の浅い湖沼や池、これに連なる用水に生息。絶滅危惧IA類。

日本薔薇鱮　にっぽんばらたなご
硬骨魚綱コイ目コイ科バラタナゴ属の魚。全長4cm。〔分布〕濃尾平野、琵琶湖・淀川水系、京都盆地、山陽地方、四国北西部、九州北部。絶滅危惧IA類。

都鱮　みやこたなご
硬骨魚綱コイ目コイ科アブラボテ属の魚。全長4cm。〔分布〕現在では激減し、野生状態のものは千葉県、埼玉県、栃木県の一部。丘陵地帯や平野部を流れる細流や湧水に生息。絶滅危惧IA類。

槍鱮　やりたなご
硬骨魚綱コイ目コイ科アブラボテ属の魚。全長7cm。〔分布〕北海道と南九州を除く日本各地、朝鮮半島西岸。河川の中・下流の緩流域とそれに続く用水、清澄な湖沼に生息。準絶滅危惧種。

[370] 鱭

鱭　えつ
ニシン目カタクチイワシ科エツ属の魚。体長20cm。沿岸性だが、汽水域、川の中流域の淡水域にも生息。絶滅危惧II類。

[371] 鱰

鱰　しいら
スズキ目スズキ亜目シイラ科シイラ属の魚。全長80cm。〔分布〕南日本、全世界の暖海。やや沖合の表層に生息。

恵比寿鱰　えびすしいら

[372] 鱶

鱶　ふか
〔季語〕冬。サメのうち、大型のもの。

魚部（鱵, 鱸）鳥部（鳰, 鳶, 鶏）

眠鱶　ねむりぶか
軟骨魚綱メジロザメ目メジロザメ科ネムリブカ属の魚。全長150cm。〔分布〕トカラ列島以南、小笠原諸島、太平洋・インド洋の熱帯域、紅海。水深8〜40mのサンゴ礁域などの浅海、稀に110〜330mの深場に生息。

羅鱶　らぶか
軟骨魚綱ラブカ目ラブカ科ラブカ属の魚。全長160cm。〔分布〕全世界の深海。水深1300mの深海に生息。表層で時々採集される。

[373] 鱵

鱵　さより
ダツ目トビウオ亜目サヨリ科サヨリ属の魚。全長40cm。〔分布〕北海道南部以南の日本各地（琉球列島と小笠原諸島を除く）〜朝鮮半島、黄海。沿岸表層に生息。

[374] 鱸

鱸　すずき
スズキ目スズキ亜目スズキ科スズキ属の魚。全長60cm。〔分布〕日本各地の沿岸〜南シナ海。岩礁域から内湾に生息。若魚は汽水域から淡水域に侵入。〔季語〕秋。育つにしたがって呼び名が変わる出世魚の一つ。

沖鱸　おきすずき
〔季語〕冬。アラの別名。

川鱸　かわすずき
〔季語〕秋。川で生活するスズキ。

縞鱸　しますずき
平鱸　ひらすずき
硬骨魚綱スズキ目スズキ亜目スズキ科スズキ属の魚。全長45cm。〔分布〕静岡県〜長崎県。外海に面した荒磯に生息。

太腹鱸　ふとはらすずき
〔季語〕冬。腹に仔を持って肥っているスズキ。

部首11画《鳥部》

[375] 鳰

鳰貝　におがい
[7]
二枚貝綱オオノガイ目ニオガイ科の二枚貝。殻長3.5cm。〔分布〕北海道以南、九州、東南アジア、インド洋。潮間帯から水深約20mの泥岩に穿孔。

[376] 鳶

鳶羽太　とびはた
[6]
硬骨魚綱スズキ目スズキ亜目ハタ科トビハタ属の魚。体長25cm。〔分布〕琉球列島を除く南日本、小笠原諸島、西部太平洋、ウエスタンオーストラリア。沿岸浅所〜深所の岩礁域に生息。

鳶滑　とびぬめり
[13]
硬骨魚綱スズキ目ネズッポ亜目ネズッポ科ネズッポ属の魚。全長16cm。〔分布〕新潟〜長崎、瀬戸内海、東京湾〜高知、朝鮮半島南東岸。外洋性沿岸, 開放性内湾の岸近くの砂底に生息。

[377] 鶏

鶏魚　いさき
[11]
スズキ目スズキ亜目イサキ科イサ

麥部（麦）黄部（黄） 〔379〕

キ属の魚。全長30cm。〔分布〕沖縄を除く本州中部以南、八丈島〜南シナ海。浅海岩礁域に生息。

赤鶏魚　あかいさき

縞鶏魚　しまいさき

天竺鶏魚　てんじくいさき
　硬骨魚綱スズキ目イスズミ科イスズミ属の魚。全長35cm。〔分布〕本州中部以南〜インド・西太平洋。浅海岩礁域に生息。

部首11画《麥部》

〔378〕麦

麦突　むぎつく[8]
　硬骨魚綱コイ目コイ科ムギツク属の魚。全長7cm。〔分布〕福井県・岐阜県・三重県以西の本州と四国北東部、九州北部〜朝鮮半島。河川の中流域の淵や淀みの中・底層に生息。

部首12画《黄部》

〔379〕黄

黄久智　きぐち[3]
　スズキ目ニベ科キグチ属の魚。体長40cm。〔分布〕東シナ海、黄海、渤海。水深120m以浅の泥、砂まじり泥底に生息。

黄肌　きはだ[6]
　スズキ目サバ亜目サバ科マグロ属の魚。全長40cm。〔分布〕日本近海（日本海には稀）、世界中の温・熱帯海域。外洋の表層に生息。〔季語〕冬。各鰭が黄色をしたマ

グロの一種。

黄茅渟　きちぬ[8]
　スズキ目スズキ亜目タイ科クロダイ属の魚。体長35cm。〔分布〕南日本（琉球列島を除く）、台湾、東南アジア、オーストラリア、インド洋、紅海、アフリカ東岸。内湾，汽水域に生息。

黄金縞鰺　こがねしまあじ
　スズキ目スズキ亜目アジ科コガネシマアジ属の魚。全長50cm。〔分布〕南日本、インド・太平洋域、東部太平洋。内湾やサンゴ礁など沿岸の底層に生息。

黄金鰈　こがねがれい
　カレイ目カレイ科ツノガレイ属の魚。体長50cm。〔分布〕北海道東北岸〜アラスカ湾、朝鮮半島。水深400m以浅の砂泥底に生息。

黄金鰺　こがねあじ
　スズキ目スズキ亜目アジ科ヨロイアジ属の魚。全長30cm。〔分布〕琉球列島、インド・西太平洋域。サンゴ礁など沿岸浅所に生息。

黄愚痴　きぐち[13]
　スズキ目ニベ科キグチ属の魚。体長40cm。〔分布〕東シナ海、黄海、渤海。水深120m以浅の泥、砂まじり泥底に生息。

黄鋼魚　わたか[16]
　硬骨魚綱コイ目コイ科ワタカ属の魚。全長10cm。〔分布〕琵琶湖・淀川水系、および移植により関東平野、奈良盆地、島根県松江地方、

難読/誤読 魚介類漢字よみかた辞典　83

福岡県遠賀川水系。平野部の湖沼や池、用水、泥底の水草の多い浅所、湖岸の表層域に生息。絶滅危惧IA類。

¹⁹黄䱹魚　わたこ
〔季語〕春。コイ科の琵琶湖特産の魚。

²¹黄鰭　きはだ
スズキ目サバ亜目サバ科マグロ属の魚。全長40cm。〔分布〕日本近海（日本海には稀）、世界中の温・熱帯海域。外洋の表層に生息。

部首12画《黍部》

〔380〕黍

¹¹黍魚子　きびなご
ニシン目ニシン科キビナゴ属の魚。体長11cm。〔分布〕南日本～東南アジア、インド洋、紅海、東アフリカ。沿岸域に生息。

部首12画《黒部》

〔381〕黒

³黒久智　くろぐち
スズキ目ニベ科クログチ属の魚。体長43cm。〔分布〕南日本、東シナ海。水深40～120mに生息。

黒口仁座　くろぐちにざ
スズキ目ニザダイ亜目ニザダイ科クロハギ属の魚。全長20cm。〔分布〕和歌山県以南、八丈島、小笠原～インド・太平洋。岩礁域に生息。

⁴黒之比鮃　くろしびかます
スズキ目サバ亜目クロタチカマス科クロシビカマス属の魚。体長43cm。〔分布〕南日本太平洋側、インド・西太平洋・大西洋の暖海域。大陸棚縁辺から斜面域に生息。

⁵黒玄華　くろげんげ
スズキ目ゲンゲ亜目ゲンゲ科マユガジ属の魚。体長30cm。〔分布〕日本海、オホーツク海南部。

黒石魚　くろぐち
スズキ目ニベ科クログチ属の魚。体長43cm。〔分布〕南日本、東シナ海。水深40～120mに生息。

⁸黒盲鰻　くろぬたうなぎ
ヌタウナギ目ヌタウナギ科クロヌタウナギ属の魚。全長55cm。〔分布〕茨城県・青森県以南、朝鮮半島南部。50～400mの海底に生息。

⁹黒海鼠　くろこ
〔季語〕冬。ナマコの一種。

¹¹黒曹以　くろそい
カサゴ目カサゴ亜目フサカサゴ科メバル属の魚。全長35cm。〔分布〕日本各地～朝鮮半島・中国。浅海底に生息。

¹²黒曾以　くろそい
カサゴ目カサゴ亜目フサカサゴ科メバル属の魚。全長35cm。〔分

鼠部（鼠） 〔382〕

[16] 黒鯎尾魳　くろしびかます
スズキ目サバ亜目クロタチカマス科クロシビカマス属の魚。体長43cm。〔分布〕南日本太平洋側、インド・西太平洋・大西洋の暖海域。大陸棚縁辺から斜面域に生息。

[17] 黒鮪魳　くろしびかます
スズキ目サバ亜目クロタチカマス科クロシビカマス属の魚。体長43cm。〔分布〕南日本太平洋側、インド・西太平洋・大西洋の暖海域。大陸棚縁辺から斜面域に生息。

部首13画《鼠部》

〔382〕鼠

[7] 鼠坊　ねずっぽ
硬骨魚綱スズキ目ネズッポ科の海水魚の総称。

五十音順索引

本文に収録した魚介類の名のよみを五十音順に収録し、掲載ページを示した。

【あ】

あいおいくらげ	24
あいご	**7**, **51**, **63**
あいなめ	**15**, **40**, **69**, **70**
あいぶり	78
あおうお	**65**
あおかます	69
あおぎす	79
あおのめはた	47
あおはた	47
あおひとで	29
あおぶだい	3, 22, 49
あおめえそ	35
あおやがら	41, 44
あおりいか	**28**, 33, **64**
あかいか	33
あかいさき	4, 83
あかうお	**58**
あかうに	29
あかえそ	35, 71
あかかます	68, 69
あかがれい	75
あかくもひとで	29, 52, **58**
あかくらげ	24
あかこ	30, **58**
あかごち	72
あかざえび	**51**
あかしたびらめ	**58**, 70
あかたち	**58**
あかたまがしら	**58**
あかとらぎす	79
あかどんこ	62
あかなまだ	**58**
あかにし	59
あかはえ	71
あかはぜ	71
あかはた	47
あかひとで	29
あかひめじ	23
あかぶり	78
あかぼや	31
あかまてがい	55, 67
あかまんぼう	48
あかむつ	73
あかめふぐ	27
あかやがら	41, 44
あかやぎ	30, **58**
あきあみ	60
あけがい	**19**
あこうだい	**47**, **58**, **63**
あごはぜ	26
あさがおくらげ	24
あさばがれい	75
あざはた	47
あさばほらあなご	**40**
あさり	**31**
あじ	**79**
あじめどじょう	**8**, 75
あずきはた	47
あなご	**31**
あなじゃこ	55
あなはぜ	71
あばちゃん	**63**
あぶらがれい	75
あぶらそこむつ	73
あぶらはや	71
あぶらひがい	75
あぶらめ	**28**
あべはぜ	26
あまおぶねがい	54
あまがい	54
あまくさくらげ	24
あまくちび	**12**
あまご	**10**
あみ	**60**
あみあいご	51
あみうつぼ	80
あみめはぎ	**47**
あめぎす	79
あめのうお	**26**, **72**

あめふらし	64	いそぎんぽ	**43**, 62
あやぼら	**46**	いそごかい	26
あやめかさご	**17**, 44	いそしじみ	54
あゆ	**14, 66**	いそにな	55
あゆみこけむし	**23**	いだかあじ	79
あら	**79**	いたぼがき	35
あらめがれい	75	いたぼや	**20**, 31
あらりいるか	30	いたやがい	**7**
あられうお	**65**	いちめがさくらげ	24
ありあけしらうお	38	いちもんじぶだい	**23**, 49
ありそがい	**18, 50**	いとう	**4, 78**
あるびのきんぎょ	**38**	いとひきがんぞうびらめ	70
あわび	**70, 76**	いとまきえい	80
あんこう	**71**	いとまきひとで	29
あんどんくらげ	**24**, 56	いとまきふぐ	27
いいだこ	**19, 53, 66**	いどみみずはぜ	26
いか	**33**	いともろこ	**45**, 57
いがい	**32, 57**	いとよ	**45**
いがぐりほんやどかり	11	いとより	**45**, 61
いかなご	**36, 70**	いとよりだい	**45**
いがぼや	**23**, 31	いぬごち	72
いかりなまこ	30	いねごち	72
いけかつお	**37**	いぼおこぜ	79
いさき	**4, 82**	いぼくらげ	24
いさざ	**68**	いぼにし	59
いさな	**7**	いぼやぎ	30
いしがきふぐ	27	いらも	**49**
いしがれい	75	いるか	**30**
いしだたみやどかり	11	いろわけいるか	30
いしなぎ	**41**	いわがき	35
いしぶし	**41, 42**	いわし	**14, 78**
いしまきがい	42	いわとこなまず	73
いしまて	42	いわな	**12**
いしもち	42	いわめ	**12**
いずかさご	44	うきごり	71
いすずみ	**4, 5**	うきづのがい	57
いせごい	30	うぐい	**42, 71, 76**
いそあいなめ	40	うさぎあいなめ	40, 69, 70
いそかさご	44	うしおまねき	**32**
いそぎんちゃく	**50**	うしさわら	75
いそぎんちゃくもどき	50	うすあかいそぎんちゃく	50

うすばはぎ	51	えだひどら	25
うすひざらがい	42	えだみどりいし	**20**
うずまきごかい	26	えちぜんくらげ	24
うすめばる	39, 41	えつ	**81**
うちわごかい	26	えっちゅうばい	54
うちわふぐ	27	えのころふさかつぎ	**35**
うつぼ	**66, 80**	えびくらげ	24
うでぶとだこ	53	えびすしいら	81
うでふりくもひとで	**48, 52**	えぼしくらげ	24
うなぎぎんぽ	62	えぼや	31
うに	**29**	おあかむろ	**12**, 77
うばごち	72	おいかわ	**60**
うまがれい	75	おおいかりなまこ	30
うまづらはぎ	**67**	おおうみひどら	25
うみうちわ	**41**	おおえっちゅうばい	54
うみぎす	79	おおかごかます	69
うみさぼてん	**28**	おおかます	68, 69
うみたなご	81	おおくちいしなぎ	**9**
うみとさか	**31**	おおけまいまい	**9**
うみにな	55	おおさが	**9**
うらしまくらげ	24	おおしゃこがい	**9**
うりくらげ	24	おおすじはた	47
うるめいわし	**32**	おおずわいがに	22
うろこがれい	75	おおたにし	37
うろこめがれい	75	おおたまうみひどら	25
うろはぜ	26, **31, 32**, 71	おおにべ	72
えい	**80**	おおばんひざらがい	42
えそ	**35**, 71	おおぶり	78
えぞあいなめ	40	おおまてがい	55, 67
えぞいそあいなめ	40	おおめはた	47
えぞぐい	71	おおもんはげぶだい	23, 49
えぞくもだこ	53	おかちょうじがい	**63**
えぞばい	54, **55**	おかみみがい	**63**
えぞばふんうに	29	おかやどかり	11, **64**
えぞひとで	29	おきあみ	60
えぞまてがい	55, 67	おきえそ	35
えぞめばる	39, 41	おきぎす	79
えだあしくらげ	24	おきくらげ	24
えだうみひどら	25	おきごんどう	13, **26**
えだくだくらげ	24	おきしじみ	54
えだくらげ	24	おきすずき	82
		おきたなご	81

おきとらぎす	79	かき	**35**, **42**
おきなひめじ	23, **65**	かぎのてくらげ	24
おきなまこ	30	かくざより	46
おきなめじな	40	かくぶつ	**19**
おきなわふぐ	27	かけはしはた	**21**, 47
おきにし	59	かごかきだい	**44**
おきひいらぎ	70	かごかます	69
おきめだい	39	かごめうみひどら	25
おこぜ	**52**, **79**	かさご	**44**, **70**
おさがに	**44**	かさねかんざしごかい	26, **60**
おじさん	**48**	がざみ	**55**
おじろばらはた	47	がざみのこ	75
おとめべら	5	がじ	**15**
おにおこぜ	**52**, **79**	かじか	**19**, **27**, **74**
おにかさご	**44**	かじき	**18**, **21**
おにかながしら	61	かずなぎ	**7**, **15**
おにかます	**68**, **69**	かずはごんどう	13, **17**
おにさざえ	20	かすりはた	47
おにのつのがい	57	かせいぎょ	**50**
おにひとで	29	かせみみず	**15**, **21**
おにやどかり	11	かたあしくらげ	24
おはぐろがき	35	かたくちいわし	78
おはぐろべら	5, **23**	かだやし	**52**
おばなだこ	53	かつお	**9**, **20**
おびくらげ	24	かながしら	**17**, **33**, **61**
おびぶだい	23, **49**	かなど	**61**
おひょう	**9**, **70**	かなふぐ	27
おびれだち	77	かはいきんりゅう	**60**
おやにらみ	**56**	かぶとくらげ	24
およぎごかい	26	かまいるか	30
おわんくらげ	24	かまきり	**62**
おんでんざめ	**64**	かます	**68**
		かますさわら	**68**, **69**, 75
【 か 】		かますべら	5, **68**, **69**
		かまつか	**63**
		かみくらげ	24
かいうみひどら	25	かみなりいか	33
かいかむり	**57**	かや	**22**
かいやどりひどら	25	からかさくらげ	24
かいわり	**57**	からすがれい	75
かえるあんこう	**59**	からすほや	31

からふとししゃも	21	きちぬ	83
からまつがい	**51**	ぎちべら	5
かれい	**75**	きつねべら	5
かれひば	21	きつねめばる	39
かわかじか	74	きてんはた	47
かわぎす	79	きぬたれがい	56
かわごんどう	13, **27**	きぬばり	**46**
かわすずき	82	きはだ	77, **83**, **84**
かわにな	55	ぎばち	47
かわはぎ	**38**	きはっそく	**19**
かわひがい	**13**, 75	きびなご	**8**, **84**
かわむつ	73	きびれ	77
かわめんたい	**13**	きびれぶだい	23, 49, 77
かわやつめ	6	きほうぼう	68
かわらがれい	**37**, 75	ぎぼしむし	**17**
がんがぜ	**64**	ぎま	**47**
がんぎえい	80	きゅうせん	**26**
がんこ	**64**	きららがい	**65**
かんざしごかい	26	きりがいだまし	**17**
がんぞうびらめ	**64**, 70	ぎんかくらげ	24
かんばや	71	ぎんがめあじ	**62**
かんぶり	78	きんこ	30, **61**
かんぼら	78	ぎんふぐ	27
かんむりくらげ	24	きんぶな	**61**
かんむりごかい	26	ぎんぽ	**62**
かんむりぶだい	23, 49	きんめだい	39
かんむりべら	5	ぎんめだい	40
きくいたぼや	31	くえ	**4, 9**
きぐち	**83**	くぎべら	5
きくめいし	**29, 50**	くさうお	**50**
きさがい	**57**	くさびふぐ	27
きさご	**15, 46**	くさびべら	5
きじはた	47	くさびらいし	**42, 50**
きしゅうだるまがれい	75	くさふぐ	27
きす	**79**	くじかすべ	**3**, 80
ぎすかじか	74	くしくらげ	24
きせるがや	22	くだくらげ	24
きせわたがい	**41**	くだやがら	41, 44
きたいかなご	36	くちきれつのがい	57
きたのほっけ	73	くちめ	**8**
きたむらさきうに	29	くまささはなむろ	**34**, 77
きたゆむし	55		

くまさるぼう	**34**	こうぼねがい	**27**
くもはぜ	26	こうもりだこ	53
くもひとで	29, **52**, 54	こうらいもろこ	57
くらかけとらぎす	80	こおりかじか	19, 74
くらげ	**24**	こおりかます	68
くらげだこ	24, 53	ごかい	**26**
ぐるくま	**52**	こがねあじ	**83**
くるまがい	**59**	こがねがれい	75, **83**
くるまなまこ	30	こがねしまあじ	**83**
くるめさより	46	こぎょ	**52**
くろうに	29	こくちばす	79
くろがい	**36**	こくてんほうぼう	68
くろかじき	21	こけうつぼ	80
くろがしらがれい	75	こけぎんぽ	62
くろがねいそぎんちゃく	**62**	こけごろもがき	35
くろぐち	**84**	こけびらめ	70
くろぐちにざ	**84**	ここのほしぎんざめ	**3**
くろげんげ	**84**	こしだかうに	29
くろこ	30, **84**	こしだかがんがら	**49**
くろしびかます	69, **84**, **85**	こしたかひめものあらがい	**49**
くろそい	**84**	こち	**72**
くろたちかます	68	ことくらげ	24
くろなまこ	30	ことひき	**36**
くろぬたうなぎ	**84**	このしろ	**10**, **70**, **79**
くろはぜ	71	こはだ	77
くろぼうずぎす	80	こびといるか	30
くろぼや	31	こびれごんどう	**13**, 77
くろむつ	73	こぶしがに	**16**
くろめじな	40	こぶひとで	29
くろめだい	40	ごまあいご	**51**
くろめぬけ	39	こまい	**25**, **44**
けがき	35	ごまはぜ	26
けたはす	79	ごまふぐ	27
けつぎょ	**80**	こもちくらげ	24
けはだひざらがい	**23**, **42**	こもちじゃこ	**10**
けまんがい	**50**	こもんかすべ	**12**
けむしかじか	19, 74	こもんはた	**47**
けむしひざらがい	42	こもんふぐ	27
けんさきいか	33	こもんやどかり	**11**
こいわしくじら	78	ごり	**41**, **71**
こういか	33	ごんずい	**22**
こうぎょ	**66**	ごんどうくじら	**13**

ごんべ	*22*	ししゃも	*21*
こんぺいとう	*61*	したびらめ	*70*
		しっぽうふぐ	*27*
		してんやっこ	*8*

【 さ 】

		しのめさかたざめ	*20*
さいづちぼや	*31*	しびれえい	*80*
さいびるい	*75*	しまいさき	*4, 83*
さかさなまず	*59, 73*	しますずき	*82*
さかなうみひどら	*25*	しまだこ	*53*
さくらいか	*33*	しまどじょう	*28, 75*
さくらうぐい	*71*	しまはた	*47*
さごし	*35*	しまふぐ	*27*
さざえ	*16, 20, 21*	しゃこ	*55*
ささきくらげ	*24*	しゃごうがい	*43, 59*
さざなみだい	*46*	しゃこがい	*43*
さざなみふぐ	*27*	しゃち	*73*
ささのはべら	*5*	しゃちぶり	*73*
さっぱ	*16*	じゃのめがざみ	*55*
さなだゆむし	*55*	じゃのめなまこ	*30*
さばひー	*52*	じゃむし	*52*
さばふぐ	*27*	じゅうもんじくらげ	*24*
さめがれい	*75*	じゅごん	*6*
さより	*25, 44, 46, 61, 82*	じゅずかけはぜ	*71*
さよりとびうお	*46*	じゅせいら	*12*
さらくらげ	*24*	しょうきはぜ	*26*
さらさばい	*54*	しょうさいふぐ	*27, 33*
さらさはた	*47*	しらいとまき	*54*
ざりがに	*54, 55, 59*	しらいとまきばい	*54*
さるぼうがい	*35*	しらうお	*36, 38, 49, 62, 80*
さわら	*67, 75*	しらはえ	*71*
さんかくがい	*57*	しらひげうに	*29*
さんごあいご	*51*	しりぶとしゃこ	*55*
さんこうめぬけ	*39*	しりやけいか	*34*
さんしょううに	*29*	しろいるか	*30*
さんま	*43*	しろうお	*38, 45*
しいら	*68, 81*	しろおびぶだい	*23, 49*
しおまねき	*19, 33*	しろかじき	*21*
しころさんご	*62*	しろぎす	*80*
ししいか	*34*	しろくらべら	*5*
しじみ	*53*	しろさばふぐ	*27*
		しろしたかれい	*75*
		しろなまこ	*30*

しろはえ	71	せとみのかさご	44
しろぶちはた	47	ぜにたなご	81
しろほや	31	せみいるか	30
しろめだか	39	せみほうぼう	68
しわいかなご	36	せんなりうみひどら	25
しわはいるか	30	せんにんふぐ	27
じんがさうに	29	そうぎょ	**50, 72**
しんさんかくがい	57	そうきるい	77
じんどういか	34	ぞうくらげ	24
すいじがい	**25**	ぞうげつのがい	57
ずぐえい	**17**, 80	そうしはぎ	**50**
すけとうだら	**4, 74**	そうだがつお	**11, 15**
すごかいいそめ	26	そこいとより	45
すじあいなめ	40	そこぎす	80
すじおしゃこ	55	そこほうぼう	68
すじこういか	34	そでいか	34
すじしまどじょう	28, 75	そめわけべら	5
すじぶだい	**23**, 49	そめんやどかり	11
すじもようふぐ	27		
すずき	**82**	【た】	
すずはも	80		
すなえそ	35	だいおういか	34
すながれい	76	たいせいようにしん	76
すなひとで	29	だいだいいそかいめん	**22**
すなめり	**42**	だいなんうみへび	**9**
すなやつめ	6	だいなんぎんぽ	**9**, 62
すべすべさんごやどかり	11, **32**	たいまい	**36**
すぼや	31	たいらぎ	**36**
すみいか	34	たいわんがざみ	55
すみくいうお	**33**	たいわんどじょう	28, 75
すみのえがき	35	たうえがじ	15
すみれがれい	76	たかくらたつ	**67**
するめいか	**34**, **72**	たかさご	**61**
ずわいがに	**22**	たかさごいいだこ	53
せいたかひいらぎ	70	たかはや	71
せきどうびらめ	70	たかべ	**67, 77**
せきとりいわし	78	たきべら	5
せすじぼら	**73**, 78	たけのこめばる	39
せたしじみ	54	たこ	**43, 53, 72**
せっぱりいるか	30, 48	たこいか	34, 53
せっぱりかじか	**48**, 74		

たこくらげ	24, 53	つまりつのざめ	41
たこひとで	29, 53	つむぶり	45, 62, 78
たこぶね	44, 53	つめいか	34
だつ	67	つめたがい	31, 43
たつのおとしご	30	つらながこびとざめ	65
たなご	81	つりがねくらげ	24
たにし	37	ておのえそ	35
たにしもどき	37	てながだこ	53
たまうみひどら	25	でめもろこ	57
たまがしら	36	てんぐかわはぎ	38
たまがんぞうびらめ	36, 70	てんぐにし	59
たまきがい	36	てんじくいさき	4, 83
たまごうに	29	てんじくがれい	76
たましきごかい	26	てんす	10
たまずさがい	36	とうがれい	28, 76
たもろこ	37, 57	とうざより	46
たら	64	とうめくもひとで	7, 52
だるまおこぜ	79	とうよしのぼり	22
だるまがれい	76	とかげえそ	35
だるまごかい	26	とかげごち	72
たれくちべら	5	どくさばふぐ	27
だんべいきさご	46	とくびれ	77
ちか	73	とくびれいわし	77
ちとせながにし	7	とげかじか	19, 74
ちぬ	49	とげかながしら	61
ちゃいろまるはた	47	とげしゃこ	55
ちょうせんさざえ	20	とげだるまがれい	22
ちりめんあいご	51	とげやぎ	21, 30
つがるうに	29	とごっとめばる	15, 39
つちふき	8	とこぶし	12, 13, 14, 76
つつがき	35	どじょう	28, 75
つづみくらげ	24	どちざめ	10
つのがい	57	とびいか	34
つのがれい	76	とびえい	80
つのくらげ	24	とびぬめり	82
つのだし	56	とびはぜ	26, 71
つばい	54	とびはた	47, 82
つばくろえい	35, 80	どぶがい	8, 28
つばさごかい	26	どぶかすべ	32
つばめうお	34	とふぎょ	19
つばめこのしろ	70, 79	どぶしじみ	8, 54
つまぐろかじか	56, 74		

とみよ	*11*	にし	***59***
とらうつぼ	*80*	にしかわがれい	*76*
とらぎす	*80*	にしきぎんぽ	*62*
とらこ	*30, **52***	にしきつのがい	*57*
とらはぜ	*72*	にしきはぜ	*26*
とらふぐ	*13, 27, 76*	にしきべら	*5*
とらふこういか	*34*	にしくろかじき	*21*
とらふしゃこ	*55*	にじはた	*47*
とらふなまこ	*30*	にしまかじき	*21*
とりかじか	*19, 74*	にしん	***18, 65, 73, 76***
どんぐりうに	*29*	にしんくき	*76*
どんこ	***61***	にちりんひとで	*29*
		にっぽんばらたなご	*81*
【 な 】		にな	***54***
		にべ	***72***
		にほんいとより	*45*
ながうに	*29*	にほんくもひとで	*53*
なががじ	*15, **63***	にほんみずしただみ	***25***
ながたにし	*37*	にゅうどういか	*34*
ながにし	*59*	にんぎょうひとら	*25*
なかぶくらあじ	***3***	ぬいめがじ	*15*
ながぶだい	*23, 49*	ぬたうなぎ	***28***
なしふぐ	*27*	ぬまがれい	***28***, *76*
なたねふぐ	*27*	ぬめりごち	***32***, *72*
なつびらめ	*70*	ねずっぽ	***85***
なべか	***60***	ねずみいるか	*30*
なまこ	*30, **37***	ねずみごち	*72*
なまず	***73***	ねむりぶか	*82*
なみはた	*47*	ねんぎょ	***14***
なみまいまい	***18***	のきしのぶくらげ	*24*
なみまがしわ	***28***	のこぎりうに	*29*
なめくじうお	***53***	のこぎりえい	*80*
なめたがれい	***32***, *76*	のこぎりがざみ	*55*
なめらだまし	***32***		
なめらふぐ	*27*	【 は 】	
なよし	***8***		
なんようぶだい	*23, 49*	ばい	***54***
におがい	***82***	はいがい	***5***
にぎす	*80*	ばいかなまこ	*30*
にごろぶな	*5*	はえ	***71***
にざだい	*4, 5*		

はおこぜ	79	ばんさんるい	**20**
はくれん	**38**	はんどういるか	30
はこふぐ	27	ひいらぎ	**21, 70**
はしごくらげ	24	ひうお	**7, 33**
はしながいるか	30	ひお	**7, 25**
ばしょうかじき	21	ひがい	**20, 75**
はす	**79**	ひかりきんめだい	40
はぜ	**26, 71**	ひかりぼや	31
はぜくち	26, 72	ひがんふぐ	27
はた	**47, 77**	びくにん	**23**
はたぐもがに	**18**	ひくらげ	24
はたたてだい	**17**	ひざらがい	**42**
はたたてぬめり	**17**	びぜんくらげ	24
はたはた	**28, 43, 65, 78, 81**	ひとえかんざし	26
はたんぽ	**51**	ひとつくらげ	**3**, 24
はちくらげ	24	ひとで	**4**, 29
はちじょうだから	**6**	ひとみはた	47
はつめ	**14**	ひどら	**25**
ばていくらげ	24	びのすがい	**47**
はなあいご	51	ひのでぼら	78
はないか	34	ひのまるくらげ	24
はなおこぜ	79	ひばりがい	**65**
はながさくらげ	24	ひふきあいご	51
はなかじか	19	ひぶだい	**23**, 49
はなごんどう	13	ひめ	**23**
はなしゃこ	55	ひめあいご	51
はなはた	47	ひめいか	34
はなびらうお	**49**	ひめいとより	45
はなやぎ	30	ひめこういか	34
はねうみひどら	25, **48**	ひめことひき	36
ばばがれい	76	ひめじ	**23**, **65**
ばふんうに	29	ひめしゃこがい	**43**
はまふぐ	27	ひめだか	**39**
はも	**31, 80**	ひめたにし	37
はや	**71**	ひめはぜ	26
ばらはた	47	ひめひとで	29
ばらめぬけ	39	ひめめばる	**39**
はりお	**61**	ひめものあらがい	**10**
はりごち	72	ひょうもんだこ	53
はりさざえ	21	ひら	**13, 18, 38**
はりよ	**61**	ひらいとより	45
ばれんくらげ	24		

ひらがしら	*14*	ふとはらすずき	*82*
ひらけんさきいか	*34*	ふとゆびしゃこ	*55*
ひらさざえ	*21*	ぶり	***78***
ひらさわら	*75*	ぶりもどき	*78*
ひらすずき	*82*	へこあゆ	***6***
ひらたえい	***16***, *80*	へだい	***14***
ひらとげがに	***37***	べにくらげ	*24*
ひらまさ	***14***, *78*	べにずわいがに	*22*
ひらめ	***23***, *70*	へびぎんぽ	*62*
びりんご	*14*	べら	***5***
ひるぎしじみ	***45***, *54*	べらぎんぽ	***6***, *62*
ひるむしろひどら	*25*	へらやがら	*41*, *44*
ひれがい	*77*	べろ	***5***
ひれぐろ	*77*	べろがれい	***5***, *76*
ひれぐろべら	*5*, *77*	へんげぼや	*31*
ひれぐろめぬけ	*39*, *77*	ほうきはた	*48*
ひれこだい	*77*	ほうずがれい	*76*
ひれじゃこ	*77*	ほうずはぜ	*26*
ひれじろまんざいうお	*77*	ほうせきはた	*48*
ひれながはぎ	*77*	ほうねんえそ	*35*
びわこおおなまず	*73*	ほうぼう	***68***
びわひがい	*75*	ほうらいえそ	*35*
びんなが	***67***, *77*	ほうらいひめじ	*51*
ふうせんくらげ	*24*	ほおずきがい	***60***
ふうらいかじき	*21*	ほしがれい	*76*
ふうりゅううお	***66***	ほしぎす	*80*
ふか	***81***	ほしささのはべら	*6*
ふかうらひどら	*25*	ほしざより	*46*
ふぐ	***13***, ***27***, ***76***	ほしだからがい	***18***
ふくとこぶし	*14*	ほしふぐ	*27*
ふくどじょう	*28*, *75*	ほしみぞいさき	*4*
ふくろうに	*29*	ほそぬたうなぎ	***40***
ふさかさご	***15***, *44*, *46*	ほたるいか	*34*
ふさぎんぽ	***46***, *62*	ほっけ	***73***
ふさごかい	*26*	ほっすがい	***16***
ぶだい	***3***, ***22***, ***49***	ほていうお	***13***
ふたつくらげ	*24*	ほていえそ	*35*
ぶちあいご	*51*	ほとけどじょう	*28*, *75*
ぶちぶだい	*23*, *49*	ほととぎすがい	***3***, ***18***, ***20***
ふつうごかい	*26*	ほのおかさご	*44*
ぶどういか	*34*	ほや	***5***, ***31***, ***48***
		ほら	***72***, ***78***

ほらあなみじんにな	55	まみずくらげ	24
ほろかさご	44	まめうに	29
ほんだわらこけむし	**67**	まめたにし	37
ほんながうに	**63**	まるたにし	37
ほんにべ	72	まるつのがい	57
ほんもろこ	57	まんざいうお	**3**
ほんやどかり	11	まんじゅううに	29
		まんじゅうひとで	29
		まんじゅうぼや	31

【ま】

		まんぼう	**6, 32, 48, 66**
		まんぼうがい	**3**
まいか	34	みさきこういか	34
まいだい	**49**	みしまおこぜ	52, 79
まいるか	30	みずいろつのがい	57
まえそ	35	みずうお	**25**
まがき	35	みずくらげ	25
まかじき	21	みずしただみ	46
まがれい	76	みずだこ	53
まこがれい	76	みずひきごかい	26
まごち	72	みずん	**16**
ましじみ	54	みどりいし	**42**
まじりあいご	**4**, 51	みどりいそぎんちゃく	**50**
ますおがい	**40**	みどりゆむし	55
まだこ	53, 72	みのかさご	44
まだら	**9**	みみいか	34
まだらいるか	30	みみずはぜ	26
まだらとびえい	80	みやこたなご	81
まだらはた	48	みるがい	**29**
まついか	34	みるくい	**25, 29, 56**
まつかさうお	**20**	むかしごかい	26
まつばごち	72	むぎつく	**83**
まてがい	**55, 66, 67**	むぎわらだこ	44, 53
まてがいもどき	55, 67	むぎわらはぜ	72
まとうだい	**38, 67**	むしがれい	76
まながつお	**10, 40, 74**	むしもどきぎんちゃく	**16**
まなまこ	31	むちやぎ	30
まはぜ	26, 72	むつ	**73**
まはた	48	むつえらえい	80
まふぐ	27	むつごろう	73
まぼや	31	むらさきうに	29
まぼら	78	むらさきくらげ	25
		むらさきくるまなまこ	31

むらさきしじみ	*54*
むらさきだこ	*53*
むろあじ	*11*
むろらんぎんぽ	*62*
めいたがれい	*39*, *76*
めいちだい	*38*
めかじき	*21*
めごち	*10*, *64*, *72*
めじな	*38*, *40*
めじなもどき	*39*
めじろぼら	*78*
めだい	*39*, *41*
めだか	*39*
めなががざみ	*55*
めなだ	*39*, *41*
めぬけ	*39*, *40*
めばち	*39*
めばる	*39*, *41*
めふぐ	*27*
めんたいぎょ	*18*
めんだこ	*53*
もくずしょい	*52*
もつご	*16*
もとかます	*68*, *69*
もとぎす	*80*
ものあらがい	*35*
ももいろひめだい	*56*
もようふぐ	*27*
もろ	*77*
もろあじ	*48*
もろこ	*57*, *69*
もろこうお	*57*
もろこはえ	*57*, *71*
もろとげあかえび	*3*
もんがらかわはぎ	*38*
もんがらどおし	*46*
もんごういか	*34*

【や】

やいとはた	*33*, 48
やかどつのがい	*6*, 57
やがら	*41*, 44
やぎ	*30*
やぎしりかじか	*19*, *34*
やすりひざらがい	*63*
やっこえい	*80*
やつしろがい	*6*
やつでひとで	*29*
やつめ	*6*
やつめうなぎ	*6*
やどかり	*11*
やどかりいそぎんちゃく	*11*
やどかりすなぎんちゃく	*11*
やなぎだこ	*53*
やなぎはえ	*71*
やなぎむしがれい	*76*
やなぎめばる	*39*
やなぎもろこ	*21*
やまたにし	*37*
やまとかます	*68*, *69*
やまとかわにな	*55*
やまとしじみ	*54*
やまとほんやどかり	*11*
やまぶきべら	*6*
やまめ	*12*
やもりざめ	*11*
やりいか	*34*
やりがれい	*76*
やりたなご	*81*
やりぬめり	*22*
やわらがに	*21*
ゆうれいいか	*34*
ゆうれいくらげ	*25*
ゆうれいぼや	*31*
ゆかたはた	*48*
ゆびのうとさか	*16*

ゆむし	55
ゆめかさご	44
ゆめごんどう	13
ゆめなまこ	31
ようすこうかわいるか	30
ようらくくらげ	25
よこえそ	35
よこしまさわら	75
よこすじかじか	20
よこすじやどかり	11
よめがかさ	**10**
よめごち	72
よろいめばる	39
よーろっぱこういか	34
よーろっぱひめこういか	34

【ら】

らっぱうに	29
らぶか	82
りくぜんいるか	30
りゅうずだから	**43**
りゅうてんさざえ	21
るりはた	48

【わ】

わかさぎ	**6**, **68**, **77**
わたか	**83**
わたこ	**84**
わにえそ	35
わにぐちこおりうお	25, 74
わにごち	72
わぬけふうりゅううお	66
わもんくもひとで	53, 59
わもんだこ	53
わもんふぐ	27
わらすぼ	**51**

難読誤読 魚介類漢字よみかた辞典

2016年9月25日　第1刷発行

発　行　者／大高利夫
編集・発行／日外アソシエーツ株式会社
　　　　　〒140-0013 東京都品川区南大井6-16-16鈴中ビル大森アネックス
　　　　　電話 (03)3763-5241(代表)　FAX(03)3764-0845
　　　　　URL http://www.nichigai.co.jp/
発　売　元／株式会社紀伊國屋書店
　　　　　〒163-8636 東京都新宿区新宿 3-17-7
　　　　　電話 (03)3354-0131(代表)
　　　　　ホールセール部(営業)　電話 (03)6910-0519

　　　電算漢字処理／日外アソシエーツ株式会社
　　　印刷・製本／株式会社平河工業社

不許複製・禁無断転載　《中性紙北越淡クリームラフ書籍使用》
〈落丁・乱丁本はお取り替えいたします〉
ISBN978-4-8169-2628-0　　　Printed in Japan, 2016

本書はディジタルデータでご利用いただくことができます。詳細はお問い合わせください。

難読誤読 昆虫名漢字よみかた辞典

四六判・120頁　定価（本体2,700円＋税）　2016.5刊

難読・誤読のおそれのある昆虫名のよみかたを確認できる小辞典。昆虫名見出し467件と、その下に関連する逆引き昆虫名など、合計2,001件を収録。

難読誤読 鳥の名前漢字よみかた辞典

四六判・120頁　定価（本体2,300円＋税）　2015.8刊

難読・誤読のおそれのある鳥の名前のよみかたを確認できる小辞典。鳥名見出し500件と、その下に関連する逆引き鳥名など、合計1,839件を収録。

難読誤読 植物名漢字よみかた辞典

四六判・110頁　定価（本体2,300円＋税）　2015.2刊

難読・誤読のおそれのある植物名のよみかたを確認できる小辞典。植物名見出し791件と、その下に関連する逆引き植物名など、合計1,646件を収録。

難読誤読 島嶼名漢字よみかた辞典

四六判・130頁　定価（本体2,500円＋税）　2015.10刊

難読・誤読のおそれのある島名や幾通りにも読めるものを選び、その読みを示したよみかた辞典。島名見出し771に対し、983通りの読みかたを収録。北海道から沖縄まであわせて1,625の島の名前がわかる。

姓名よみかた辞典 姓の部

A5・830頁　定価（本体7,250円＋税）　2014.8刊

姓名よみかた辞典 名の部

A5・810頁　定価（本体7,250円＋税）　2014.8刊

難読や誤読のおそれのある姓・名、幾通りにも読める姓・名を徹底採録し、そのよみを実在の人物例で確認できる辞典。「姓の部」では4万人を、「名の部」では3.6万人を収録。各人名には典拠、職業・肩書などを記載。

データベースカンパニー
日外アソシエーツ　〒140-0013　東京都品川区南大井6-16-16
TEL.(03)3763-5241　FAX.(03)3764-0845　http://www.nichigai.co.jp/